わかりすぎる
グローバル・マーケティング
【ロシアとビジネス】

富山栄子 [著]

創 成 社

はしがき

PREFACE

　1985年のプラザ合意以降，日本企業の海外直接投資は増加し，売上高の海外依存度が増加している。円高は日本などの多国籍企業の海外での現地生産を促し，国際分業における海外の重要性を飛躍的に高める契機となった。海外営業利益が100億円を超える企業74社の「海外利益比率」の平均は日本経済新聞によると，2005年3月末で36％にもなる。売上高でも上場約1,400社の海外比率は2004年には26％に上昇している。製造業は2004年で38％である。国外で生産し，第三国へ輸出して稼ぐ構図だ（日本経済新聞2005年6月21日）。このように，日本企業のグローバル化は急速に進んでいる。

　1991年にはソ連邦が解体した。ソ連，東欧諸国の旧社会主義諸国と中国，キューバ，ベトナムなどの諸国に市場経済が導入された。これらの国々では，かつては社会主義体制，計画経済体制の下で国家的計画経済が支配的であった。だが，市場経済の導入とともに，競争原理の下，企業経営の改革が進行しつつある。世界各国が経済を重視し，新たな経済競争が始まっている。

　社会主義諸国の市場経済化計画，グローバル市場競争の激化，地域統合的な傾向，ITの発達によって世界中の市場環境は変化し，世界は地球的規模で熾烈な競争を展開するメガコンペティション（大競争）の時代に突入した。企業は，世界中の多くの国に活動領域を拡大させており，企業が行う取引や直面する競争は地球的な規模で展開されている。取引や競争の市場範囲はグローバルな競争の下では，1つの国に限定されない。企業は特定国の現地法人に対し，世界的な視野と全社戦略に基づいて現地での活動の方向性を決めている。世界市場では，ますます激化する競争に直面しているので，市場戦略を計画し実行するに際し，グローバルな視点をとることが求められている。このような環境下では世界を見据えたグローバル・マーケティングが必要不可欠となっている。企

業の大半はグローバルな活動をしており，グローバル・マーケティングが支配的である。

　これまで，米国をはじめとする大半の経済大国は，北米，西ヨーロッパ，日本の3地域に位置してきた。これら3地域は世界人口の20％を占めるにすぎないが，GDPでは世界の80％を産出してきた。だが，先進諸国では国内市場の需要が飽和してきており，多くの企業は，国境を越えて市場機会を探索している。今後は中国，ロシア，ブラジル，インドなどの新興市場で，最大のビジネスチャンスが生じる可能性が大きくなっている。

　米国の大手証券ゴールドマン・サックスの経済調査グループが命名したBRICs（ブリックス）という言葉が最近人口に膾炙している。BRICsとはブラジル（B），ロシア（R），インド（I），中国（C）の頭文字で構成する造語である。2003年10月，同社が興味深い報告書「BRICsとの夢・2050年への道」を出した。同報告書によると，人口構成の変化や労働生産性の伸び，資本ストックの増加などを勘案し，2003年のドル相場で算出すると，BRICs経済圏のGDP合計額は，2039年には現在のＧ６（米国，日本，ドイツ，フランス，英国，イタリア）の合計額を超え，2050年には，1位中国，2位米国，3位インド，4位日本，5位ブラジル，6位ロシアの順になる見通しであるという。ロシアはイタリアを2018年，フランスを2024年，イギリスを2027年，ドイツを2028年に越えるという予測である。現在のBRICsの経済規模はＧ６の15％にすぎないが，今後年5％の成長を示し，急激に経済規模を拡大していくという試算である。この試算は，いずれの国も良識ある経済政策を取るという前提に基づくものであるが，世界経済を考えるうえで興味深い結果である。同報告書のなかで最も興味を引くのは，2009年までにドルベースの，BRICsのGDP成長率（年率）はＧ６を抜き2025年までにはＧ６の2倍になる可能性があることだ。ブラジル，ロシア，インドは中国と共にその高い成長性に内外の注目が集まっている新興市場であり，国の規模も大きく人口も多い。BRICsなどの新興市場の経済成長が，海外での事業展開を拡大する動機にもなっている。

　また，国際協力銀行が「わが国製造企業の海外事業，投資活動の現況および

今後の展望を把握する目的」で調査を実施した。その2004年度の調査結果によると，中期的有望事業展開先国は，1位中国，2位タイ，3位インド，4位ベトナム，5位米国，6位ロシアとなっている。米国を除くといずれも新興市場である。同様に，長期的有望事業展開先では1位中国，2位インド，3位タイ，4位ベトナム，5位米国とロシアである。これも米国を除くといずれも新興市場である。新興市場はリスクが大きいが，日本企業にとっては魅力も今後の可能性も大きい。

新興市場でのグローバル企業の対市場行動の解明は，グローバル・マーケティングという新しい研究領域での重要な課題だ。今日のグローバルな競争に対しグローバル企業は本国市場と同様に，重要な海外市場にも戦略的な位置付けを与えているが，その研究はあまり行われていない。企業が国境を越えて活動すると，国内では経験しなかったような政治的・経済的に質的に異なる問題に直面する。例えば，ロシアの税関手続きにおいて，税関との間に特別なコネを有するロシア企業と外国企業に対する関税率が異なっている。このような事情は日本国内では想定できない。

中国市場への参入行動や国際マーケティングの研究は，黄　燐神戸大学教授や谷地弘安横浜国立大学助教授などの研究をはじめ，存在する。これに対し，ロシア市場への参入行動やグローバル・マーケティングの研究はほとんど存在しない。その理由は，ココム規制によって日本の進出企業があまりなかったことや，メーカーが直接マーケティングを行ってこなかったこと，日本がこれまでロシア市場へあまり関心を示してこなかったことなどが挙げられる。

一方，好調なロシア経済を背景に，ロシア市場を重要戦略市場と位置付ける日本企業が急増している。ロシアへの参入行動，そこでのマーケティング戦略の研究が求められている。このような認識から，本書は，ロシア市場へ対する日本企業の市場戦略をグローバル・マーケティングの視角から解明しようとするものである。

具体的には，どのようにロシアへ参入したのか，参入においてはどのような問題があったのか，何がビジネスの展開を阻害しているのか，いかにマーケティ

ング・チャネルを構築したのか，ロシア市場は，何がポーランドやハンガリーなど他の旧社会主義国市場と違うのか，どうすれば日ロビジネスは上手くいくのかという問題意識に基づき分析を行った。

　グローバル・マーケティングの研究書は数冊あるが，いずれも学生や一般人にとっては内容が難しい。本書は，学生や一般人向けに，海外市場へ参入する場合に，最低限知っておかなくてはならないグローバル・マーケティングの基礎知識を整理した。そして，それが実際のビジネスの現場でどのように実行されているのかを事例研究を用いて分析することで，わかりやすく読み進んでいけるような構成にしたつもりである。

　具体的には，第Ⅰ部グローバル・マーケティングの理論と事例研究において，第1～2章でグローバル・マーケティングの最小限の基礎理論を整理し，海外へ進出する場合のマーケティング戦略の立案について記した。第3～4章では，実際に海外でどのようなグローバル・マーケティングを行っているのかについて，海外市場での売上が7割を占めるグローバル企業「コニカミノルタ」の事例研究を通して分析を行った。第5章ではロシアへ参入している主要な日本企業の輸出マーケティング・チャネル戦略を分析した。そのなかで，ロシア市場の何が障害になっているのかを浮き彫りにした。グローバル・マーケティングにおいては流通チャネルの拡大が市場拡大の基盤となる。さらに，チャネル戦略を分析することで，日本企業がどれほどロシア市場に力を入れ始めているのかという変化を読み取ることができるからである。

　グローバル・マーケティングでは，製品は世界各地で生産され，グローバルな規模で販売されており，その範囲は販売にかかわる諸活動が中心である。マーケティングと研究開発や生産活動など他の諸活動との価値連鎖のなかでの連関の重要性は，ポーターらが指摘しているが，あくまでも，グローバル・マーケティングの中心は，近藤文男京都橘大学教授が指摘しているように輸出入による販売にある。

　グローバル経営においては，輸出入段階よりもより進んだ段階が直接投資である。直接投資の段階においては，マーケティングの視点からの分析だけでは

不十分になってくる。なぜならば，グローバル・マーケティングで重視されている，輸出入という「販売」活動は，グローバル経営からみると，ほんの一部にすぎないからだ。直接投資の段階においては，「販売」のほかに，ポーターが述べている，購買物流，生産，出荷物流，サービスなどの主活動，および，調達活動，技術開発，人事・労務管理，企業全般管理（インフラストラクチャー）などの支援活動がバリュー・チェーンとして機能しないと事業は成功できない。したがって，直接投資の段階では，グローバル経営の視点から分析を行う必要がある。

そこで，第Ⅱ部ではグローバル・マーケティングを拡張し，グローバル経営の視点から，ロシアで成功裏に直接投資による事業を行っている事例について分析を行った。その問題意識は，直接投資ではリスクが多いといわれてきたロシアにおいて，なぜ，成功することができたのかを明らかにすることにある。

具体的には，第6章で三井物産の日ロ合弁企業，T．M．バイカルを分析し，第7章では，住友商事の日ロ合弁企業，STSテクノウッドとPTSハードウッドを分析した。第8章では，日ロ合弁の形態から100％販売子会社へ移行したA社の分析を行った。

本書の作成にあたっては，実際にロシアとのビジネスに携わっておられるきわめて多くの方々に対して，インタビュー調査を行った。これらのインタビュー調査なしには，本書の完成は不可能であった。ご多忙のなかインタビュー調査に快く応じて下さった多くの方々に，この場を借りてお礼を申し上げたい。

とりわけ，コニカミノルタビジネステクノロジーズ株式会社常務取締役MFP販売本部長 山名昌衛様，同海外販売部部長 牧　正様，同販売促進部欧州グループ長 竹野真佐樹様，三井物産株式会社T．M．バイカル御担当者，住友商事株式会社広報部 梅地康仁氏，木材建材部部長 富島　寛氏，同木材第一チームリーダー 田中太郎氏，同ロシア関連事業チームリーダー（STSテクノウッド担当）馬淵雅人氏，同ロシア関連事業チーム主任（PTSハードウッド担当）長井亮介氏，三菱重工業，ダイキン工業株式会社，アマダ，横河電機株式会社，松下電器産業株式会社，オリンパス光学工業株式会社，キヤノン，リコー，日立製作所，

コマツほか匿名御希望の方々より多大なるご協力を賜った。

また，ロシア・ビジネスの現状とその問題点については，環日本海経済研究所 吉田 進氏，栄和トレーディング 糸賀俊介氏にお話をうかがった。記して感謝申し上げたい。

なお，正確性を期すために草稿の段階で，事実関係に関して可能な限り関係者にチェックしていただいた。本書における叙述は，すべて筆者個人の責任にある。

また，本書の第1～2章の一部は2004年3月27日（土），日本商業学会関東支部会で「グローバル・マーケティングの分析視角」というタイトルで報告させていただいた。討論者を引き受けていただいた中央大学 三浦俊彦先生，コメントおよび御質問を頂戴した専修大学 渡辺達朗先生，学習院大学 上田隆穂先生，文教大学 那須幸雄先生，日本大学 江上 哲先生，日本大学 嶋 正先生，愛知大学 丸谷雄一郎先生に感謝申し上げたい。

また，日本商業学会グローバル・マーケティング研究会の京都橘大学 近藤文男先生，明治大学 大石芳裕先生，琉球大学 平敷徹男先生，中京大学 太田真治先生からは，国境を越えるマーケティングについて多くのことをご教示いただいた。記して御礼を申し上げたい。

第5章の一部は，2005年1月22日（土），日本貿易学会西部部会で「日本企業のロシア市場輸出マーケティング・チャネル戦略：竹田モデルに関する考察とロシア市場の特殊性」というタイトルで報告させていただいた。報告をアレンジしていただいた愛知学院大学 梶浦雅己先生には記して感謝申し上げたい。そして，多くの有益なコメントと質問を下さった，日本大学経済学部 小林晃先生，神奈川大学 中野宏一先生，愛知学院大学 岩城 剛先生，関西学院大学商学部非常勤講師 藤吉修忠先生，高岡短期大学 王 大鵬先生に御礼申し上げる。

また，第1章および第5章の一部の内容は2004年7月17日（土）北海道大学スラブ研究センター第2回「石油・ガスとCIS経済」研究会，若手研究者公募研究報告において，「好調続くロシア経済と日本企業の対ロシア市場戦略の変

化」というタイトルで報告させていただいた。報告を可能にして下さった北海道大学スラブ研究センター 田畑伸一郎先生，および問題点やコメントを下さった大阪産業大学 大津定美先生，一橋大学 久保庭真彰先生，同 雲 和広先生，日本大学 栖原 学先生，高知大学 塩原俊彦先生，ロシア東欧貿易会 服部倫卓調査役，横浜国立大学 中村 靖先生，北海道大学経済学部博士課程 田畑朋子氏，北海道大学スラブ研究センター大学院修士課程 鈴木治郎氏に感謝申し上げたい。

また，お忙しいなか，草稿に目を通していただき，いつも丁寧なコメントを下さる新潟大学経済学部 小山洋司先生，永山庸男先生，前県立新潟女子短期大学教授，現東京財団ロシア語オピニオン・サイト編集長 月出皎司先生，前県立新潟女子短期大学教授，前長岡大学教授 中澤孝之先生，東京大学名誉教授，前帝京大学教授 肥前栄一先生にはこの場をお借りして御礼申し上げる。とくに，小山洋司先生からは，たえず考えさせられる問題提起をしていただいた。そのお陰で私は，365日，頭を休めることなく使うことができている。また，新潟大学経済学部 澁谷 覚先生からはマーケティングのゼミの運営について多くを学ばせていただいた。記して感謝申し上げる。

さらに，第5章の一部は，環日本海経済研究所発行の『エリナ・リポート』に掲載させていただいた。同研究所 辻 久子主任研究員からはいつも的確なコメントやアドバイスを頂戴し，勉強させていただいている。改めて感謝申し上げたい。

また，笹川平和財団汎アジア基金「ロシアとアジア」プロジェクトの先生方やメンバーの皆さんからは常に「ロシア研究」において刺激をいただいている。拓殖大学海外事情研究所 木村 汎先生，同 佐瀬昌盛先生，青山学院大学 袴田茂樹先生，東京大学 石井 明先生，北海道大学スラブ研究センター 岩下明裕先生，上智大学 安野正士先生，防衛研究所 湯浅 剛先生，環日本海経済研究所 伊藤庄一研究員，津田塾大学 濱 由樹子先生，東京大学 岡田晃枝先生，安全保障問題研究会事務局 吉岡明子氏，慶應大学大学院 井手康仁氏，北海道大学スラブ研究センター大学院博士課程 天野尚樹氏，そして，笹川平和財団

汎アジア基金事業室主任研究員 李 燦雨氏，同研究員 小林香織氏，同リサーチ・アソーシエイト サイードバ・ローラホン氏に感謝申し上げたい。なお，本書のインタビュー調査では，笹川平和財団汎アジア基金より助成をいただいた。

なかでも，木村 汎先生からは，研究テーマの設定，研究者としての心構え，わかりやすくおもしろい文章の書き方，外国の研究者との議論の仕方，シンポジウムでの討論の仕方など，多くのことを，基本的には優しく，時には厳しくご教授いただいた。記して感謝申し上げたい。

ロシアの現状やそれが抱える問題点などについてロシアの研究者からも多くのことをご教授いただいた。カーネギー・モスクワセンター副所長のドミートリー・トレーニン氏，ロシア科学アカデミー附属極東研究所副所長ワシリー・ミヘーエフ氏，ロシア科学アカデミー極東支部，極東諸民族歴史・考古学・民族学研究所所長ビクトル・ラーリン氏，科学アカデミー・シベリア支部経済産業生産組織研究所所長クレショフ氏，副所長セルベルストフ氏，前新潟大学大学院現代社会文化研究科タチアナ・タラソワ氏に感謝申し上げたい。

また，本書の出版に際して，大阪商業大学 中津孝司先生にご支援を賜った。ここに，記して感謝申し上げる。

最後に，本書の公刊を快くお引き受けいただいた創成社代表取締役塚田慶次氏，遅々として進まない私の原稿を辛抱強く待っていただき，編集・校正でお世話になった塚田尚寛氏，西田 徹氏に心から御礼を申し上げる。

2005年6月

富山栄子

初 出 一 覧

本書の各章は，以下の既発表論文をベースにしている。

第1章 「国際マーケティングとグローバル・マーケティングの定義に関する一考察」『グローバリゼーションに関する学際的研究』2004年3月，新潟大学大学院現代社会文化研究科「グローバリゼーションに関する学際的研究」プロジェクト・グループ。

第5章 「好調続くロシア経済と日本企業の対ロシア市場戦略の変化：輸出マーケティング・チャネル戦略を中心に」『エリナ・リポート』第59巻，2004年9月刊行，環日本海経済研究所。

目次

CONTENTS

はしがき

第Ⅰ部　グローバル・マーケティングの理論と事例研究

第1章　グローバル・マーケティングの進化 ── 3
1. メガ・コンペティション ……………………………………… 3
2. グローバル化の推進要因 ……………………………………… 5
3. グローバル・マーケティングの定義 ………………………… 7
4. グローバル・マーケティングの進化と
   海外市場参入の諸段階 …………………………………………11
   - (1) 国内マーケティング　13
   - (2) 単なる輸出　13
   - (3) OEM輸出マーケティング　13
   - (4) 輸出マーケティング　14
   - (5) 延長マーケティング　16
   - (6) マルチドメスティック・マーケティング　16
   - (7) 地域マーケティング　18
   - (8) グローバル・マーケティング　19
5. むすび ……………………………………………………………24

第2章　グローバル・マーケティング戦略の枠組み ── 28
1. グローバル・マーケティング戦略策定のプロセス …………28
2. 経営理念とビジョン ……………………………………………28
3. ドメイン …………………………………………………………28

4．環境分析 ……………………………………………29
  5．自社能力 ……………………………………………33
  6．ポートフォリオ分析 ………………………………35
  7．参入様式の決定 ……………………………………36
  8．製品，価格，流通チャネル，プロモーション …43
  9．グローバル調整・統合 ……………………………44
 10．グローバル・マーケティングの3つの側面 ……45

第3章　グローバル企業の企業戦略
　　　——コニカミノルタの事例研究(1)—— 　　　47

  1．グローバル企業と新興市場 ………………………47
  2．経営理念とビジョン ………………………………48
  3．ドメイン ……………………………………………49
  4．持株会社と分社化 …………………………………50
  5．ポートフォリオ計画と戦略的事業単位（SBU）…50
  6．中核事業と業界内ポジショニング ………………52
  7．コア・コンピタンス ………………………………55
  8．集中化戦略 …………………………………………56
  9．戦略的提携 …………………………………………58
 10．研究開発・調達・生産・販売の国際的配置 ……60
 11．むすび ………………………………………………61

第4章　ロシア・中東欧市場戦略
　　　——コニカミノルタの事例研究(2)—— 　　　64

  1．ロシア・中東欧諸国における市場占有率と売上台数の変化 …64
  2．ロシア参入段階のマーケティング戦略 …………68
  3．現地市場拡張段階のマーケティング戦略 ………73
  4．中東欧での成功 ……………………………………87

5．グローバル・マネジメント ……………………………………92
　　6．今後の見通しと課題 ……………………………………………95

第5章　日本企業の対ロシア輸出
　　　　　マーケティング・チャネル戦略の変化 ─────── 99
　　1．好調続くロシア経済 ……………………………………………99
　　2．輸出方式…………………………………………………………101
　　3．流通チャネル……………………………………………………103
　　4．取引費用と流通チャネルの選択………………………………106
　　5．日本企業の対ロシア市場戦略…………………………………109
　　6．ロシア市場における日本企業の
　　　　グローバル・マーケティング・チャネル類型………………125
　　7．ビジネスを行う上でのロシアにおける問題点
　　　　── ロシアの税関規制体制の変遷 ── …………………128
　　8．むすび……………………………………………………………130

第Ⅱ部　グローバル経営からみた対ロ直接投資

第6章　三井物産の日ロ合弁企業
　　　　　── T．M．バイカルの事例研究 ── ──────── 137
　　1．T．M．バイカル社の概要と現状………………………………137
　　2．ソ連時代の意思決定－トップダウン…………………………139
　　3．社会主義経済体制下の労働者…………………………………140
　　4．日本的生産システムの海外移転………………………………141
　　5．人的資源管理……………………………………………………142
　　6．生産管理…………………………………………………………147
　　7．人を動かす組織…………………………………………………151
　　8．人脈の構築………………………………………………………153
　　9．むすび……………………………………………………………156

第7章　住友商事の日ロ合弁企業 ── STSテクノウッドとPTSハードウッドの事例研究 ── 159

1．STSテクノウッドとPTSハードウッドの概略……………159
2．合弁企業設立………………………………164
3．人的資源管理………………………………166
4．生産管理……………………………………172
5．環境への配慮………………………………176
6．人　脈………………………………………178
7．むすび………………………………………178

第8章　日ロ合弁企業から100％販売子会社へ ── A社の事例研究 ── 181

1．A社の概要と現状…………………………181
2．人的資源の活用……………………………183
3．顧客満足とロシア…………………………186
4．人脈の構築…………………………………190
5．むすび………………………………………191

索　引　193

第Ⅰ部

グローバル・マーケティングの理論と事例研究

第1章

グローバル・マーケティングの進化

1. メガ・コンペティション

　世界経済はグローバル化が急速に進展している。資本や労働力の移動が活発化し，貿易や投資が増大することによって世界における経済的な結びつきが深まることを**経済のグローバル化**という。規制緩和や撤廃，貿易や投資の自由化という政策の変化とIT革命に象徴されるような目覚ましい技術革新は国際経済活動にかかる取引費用を低下させた。その結果，ヒト，モノ，カネ，情報が世界レベルで活発に移動するようになり，グローバル化が急速に進んだ。ヒト，モノ，カネ，情報は，経済や社会の開放度が高く競争環境やインフラが整備され，政府のガバナンスの高い国へ集中するようになってきた。

　戦後の世界貿易の自由化に向けた取組みは，一貫して，**関税と貿易に関する一般協定（GATT）**を中心とする多角的貿易体制の下で進められてきた。同時に，地域的に関係の深い複数の国の間で貿易自由化を進めていこうとする地域的な経済連携の強化に向けた動きもみられ，特に近年は，そうした傾向が強化，拡大されてきている。例えば，**ヨーロッパ連合（EU）**は，1993年のマーストリヒト条約に基づき1999年に単一通貨ユーロを導入し，2002年にユーロ貨幣の流通を開始させるなど，その深化と拡大が着実に進んでいる。北米では，**北米自由貿易協定（NAFTA）**，中南米では南米南部共同市場（MERCOSUR）を中心として地域経済統合が発展している。このような形式・内容ともさまざまな地域協力の強化の動きは，アジアでもみられ，これまでも**アジア太平洋経済協力会議（APEC）**や**東南アジア諸国連合（ASEAN）**＋3（日中韓）などを中心に重層的に進められてきた。こうした動きは近年，さらに強まっている（外交

青書平成14年版)。最近では，より自由な経済交流を目指して地域経済圏や二国間，複数国間での**自由貿易協定（FTA）**づくりが活発化している。

　第二次世界大戦後，世界は資本主義対社会主義の陣営で対立しイデオロギー，軍事，政治などで対決する冷戦体制にあった。だが，1989年にベルリンの壁が崩壊し，1991年にソ連邦が解体した。そして，ソ連，東欧諸国の旧社会主義諸国と中国，キューバ，ベトナムなどの諸国に市場経済が導入された。これらの国々では，かつては社会主義体制，計画経済体制のもとで国家的計画経済が支配的であった。だが，市場経済の導入とともに，競争原理の下，企業経営の改革が進行しつつある。世界各国が経済を重視し，新たな経済競争が始まっている。

　こうした社会主義諸国の市場経済化計画，グローバル市場競争の激化，地域統合的な傾向，ITの発達によって世界中の市場環境は変化し，世界は地球的規模で熾烈な競争を展開する**メガ・コンペティション（大競争）**の時代に突入している。企業は，世界中の多くの国に活動領域を拡大させており，企業が行う取引や直面する競争は地球的な規模で展開されている。取引や競争の市場範囲はグローバルな競争の下では，1つの国に限定されない。企業は特定国の現地法人に対し，世界的な視野と全社戦略に基づいて現地での活動の方向性を決めている。世界市場では，ますます激化する競争に直面しているので，市場戦略を計画し実行するに際し，グローバルな視点をとることが求められている。このような環境下では世界を見据えた**グローバル・マーケティング**が必要不可欠である（小田部他 2001：邦訳2）。

　経済のグローバル化とともに「グローバル・マーケティング」という用語が頻繁に使用されるようになってきている。しかし，従来支配的な用語であった国際マーケティングとどこがどのように異なるのかが明確にされておらず，その意味するところが論者によって大きく異なっている（大石 2000：33）。

　そこで本章ではグローバル・マーケティングと国際マーケティングの定義を主として明らかにする。最初に，グローバル化の推進要因を挙げ，次にグローバル・マーケティングと国際マーケティングの定義を明らかにする。後に，グ

ローバル・マーケティングの進化と海外市場参入の諸段階をみる。

2. グローバル化の推進要因

　1985年のプラザ合意以降，円高によって日本企業は海外生産を積極的に行うようになり，経済のグローバル化が進んだ。その後1990年代頃から，グローバル市場，グローバル競争，グローバル競争力という言葉が頻繁に用いられるようになってきた。過去においては「グローバル」の代わりに「国際」という形容詞をつけた同様の用語が広く用いられていた。1990年代以降，どのような変化が起きたのであろうか。最初に，経済のグローバル化が推進された要因を指摘する（小田部 2001：2～3）。

(1) 市場要因

　第1の変化要因は，市場要因である。先進諸国では国内市場の需要が飽和してきたため，多くの企業が，国境を越えて市場機会を探索せざるをえなくなった。また，新興市場における経済成長によって，先進諸国の企業が海外での展開を拡大する動機になってきた。新興市場とはタイ，マレーシア，メキシコなど，1990年代に入って急成長を遂げて投資先として有望とされる開発途上国や，ロシアやポーランド，ハンガリーなど計画経済から市場経済に移行しつつある**移行経済諸国**，新たに自由化政策を取るようになった国である，中国やインドなどを指す。

　他には，販売市場の確保や拡大のために現地ニーズに適応した製品やサービスを供給するために現地生産を始める場合があること，一般顧客のニーズや消費者の嗜好が同質化してきていること，ブランド名や価格設定戦略などマーケティング・ミックスの要素は諸市場間で移転可能であること，電子製品などは日本で，コンピュータのソフトウェアはアメリカ合衆国でイノベーションが発生しやすいように，リーディング市場が，グローバルに展開していることなどが指摘できる。

(2) 競争要因

　第2の変化要因は，競争要因である。異なる国からの競争業者の増大は競争業者間のグローバル競争を激しくしている。例えば，パソコンでは過去においてはIBMが支配していたが，今日では，アメリカのデルやコンパック，日本の東芝やNEC，台湾のエイサーなど多くの企業が競争している。自動車も20年前は，GM，フォード，クライスラーが世界最大の自動車メーカーであったが，今日ではトヨタ，ホンダ，BMW，ダイムラー・クライスラーなどの企業が自動車市場における競争的な位置を占めるに至っている。

　また，世界の企業の間で**グローバル・スタンダード**（世界標準），つまり世界に通用する基準や技術をもたなければグローバルな競争に勝ち残れないという認識が強くなりつつある。世界標準を獲得するには国際的な競争力を強化しなければならない。それには生産，販売，研究開発など広い分野で世界の競合他社と戦略提携を行う動きが活発化している。戦略提携を行っている企業同士は，国境を越えて助け合い，戦略提携関係のない競争企業を攻撃する。これに反撃するため，戦略提携関係のない競争企業は，より大きな企業努力の調整が必要になる。他の競争企業がグローバル戦略を使えば，競合企業はそのグローバル戦略に対抗する必要がある。

(3) コスト要因

　第3の要因はコスト要因である。**規模の経済性**，すなわち，生産や販売などの規模を大きくすれば，それだけ機械設備や工場などの固定費用は拡散され，製品一単位あたりの費用も低くなり，収益が逓増する経済的な効果がある。例えば，電子産業のように，単一国の市場が最適規模を達成するほど大きくない場合，グローバル市場用の製品を生産すれば，規模の経済性を享受することができる。また，**範囲の経済性**，すなわち複数の生産物やサービスをそれぞれ別の企業が生産するよりも，製造設備や製造工程を共有して，まとめて1社で生産する方が費用が安くすむ経済性も享受できる。規模と範囲の経済性とともに，活動集中に伴う学習活動は大きな費用低減をもたらす。

さらに，原材料や労働力などの経営資源を，世界規模で安く手に入れることが可能になった。海外の方が，人件費，税金やインフラ費用が安いと，海外で生産するようになる。また，地域共通製品や少数のグローバル製品を開発することによって開発費用を低減することもできる。

また，為替相場が高騰すると輸出製品の価格が高くなる。そうなると海外市場での販売が難しくなり，輸出販売収入の自国通貨による手取りが少なくなる。そうした時に海外で生産すれば，原材料を安く購入し労働力を安く雇うことができる。これが海外での生産や活動の拡大を促す。

(4) 政府要因

第4は，政府に関係する要因である。政府が外国からの投資優遇策を導入すれば企業は現地生産を開始する。途上国では，一般的に国内工業生産の発達のために，輸入を抑制し，その代わりに国内生産を促す国産化政策（**輸入代替工業化**）や，外資を受け入れて輸出向けの生産を進める政策（**輸出志向工業化**）が取られる。先進国においても，貿易収支の不均衡の是正のために輸入規制や相手国の輸出規制を要求する。これらはいずれも現地生産を促す。

世界各国は，直接投資の誘致によって国内経済の発展を図ろうと，自由化や規制緩和，構造改革を行うなどの投資環境の整備に取り組んでいる。

3．グローバル・マーケティングの定義

こうして経済のグローバル化が進み，企業がグローバルな規模で活動をするようになり，グローバル・マーケティングを展開するようになってきた。

(1) グローバル・マーケティングとは

グローバル・マーケティングとは，世界市場を視野に入れた戦略的マーケティング・プロセスとプログラムである（大石 2001：55）。**戦略的マーケティング**とは，「市場環境との適合性を中心に，環境と経営資源に適合した企業の将来の方向を定める行動の枠組み（尾上 1995：25）」である。つまり，個別の事業

や製品レベルの意思決定でなく，全社的な意思決定を扱うマーケティングである。

(2) 戦略的マーケティング

戦略的マーケティングは**企業戦略**と**マーケティング戦略**に分けられる。企業戦略は企業レベルにおいて環境や経営資源に適合するように企業の将来の方向を定め，経営資源を各事業にどのように配分するかを決定するものである。マーケティング戦略は個々の事業レベルにおけるマーケティングを扱う（尾上 1995）。

図表1－1は，戦略的マーケティングの全体的なプロセスを表したものである。企業戦略のプロセスは，次のようなプロセスを辿る。企業が経営戦略を立てるにはまず，**経営理念**（managerial ideology）と社会に対する**使命**（ミッション）を企業目標として設定する必要がある。**経営理念**とは企業が社会にどのような役割を果たすのかについての指導原理である。第2に将来の進むべき方向性を示した**ビジョン**（将来の構想）を決める。

図表1－1　戦略的マーケティングのプロセス

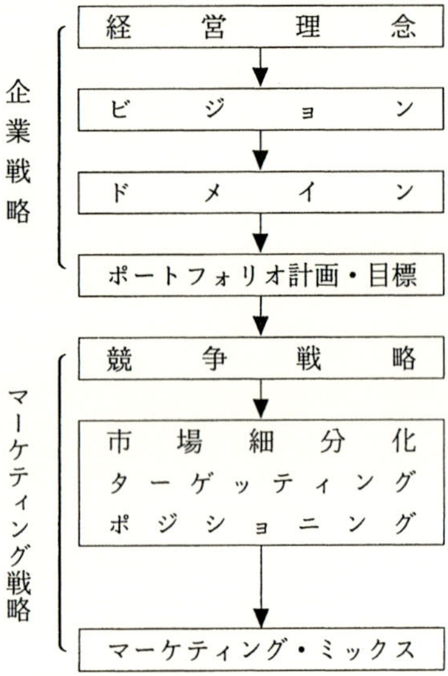

企業戦略	経営理念
	ビジョン
	ドメイン
	ポートフォリオ計画・目標
マーケティング戦略	競争戦略
	市場細分化 ターゲッティング ポジショニング
	マーケティング・ミックス

（出所）尾上（1995：27）を修正して筆者作成。

第3に，ドメイン（domain）を決定する。**ドメインとは企業の事業領域の**ことであり，生存領域とも呼ばれている。それは自社の事業とは何かという企業の基本使命を明らかにすることである。さらに，企業の全体的な成長方向が検討される。そして最後にポートフォリオ計画によって，**戦略的事業単位**（SBU：Strategic Business Unit）への経営資源の配分と各事業（SBU）の基本的な目標・戦略が提示される。SBUとは，独立して戦略を立案することのできる事業単位である。

このように，複数の事業を行ったりしている企業が，戦略的観点から経営資源の配分が最適な事業構成（ポートフォリオ）を決定するための手法を**プロダクト・ポートフォリオ・マネジメント（PPM）**という。これは，全社的な戦略基準に基づいて各事業の位置付けを行うものであり，どの事業にどの程度の経営資源を投入するかを，全体の事業ポートフォリオに関する戦略のなかで決定している。

マーケティング戦略のプロセスにおいては，各SBUが，競合他社のSBUの戦略・経営資源を分析し，自社のSBUの強み・弱みに応じた競争戦略を構築する。次に，各SBUは市場についての調査・分析を行い，市場細分化を行い，対象とするターゲット市場を定め，市場対応戦略を検討する。その後，各SBUの競争戦略・市場対応戦略と整合する4P戦略の組合せ（マーケティング・ミックス）を策定する。

マーケティング・プロセスとは，市場機会の分析，標的市場の調査と選択，マーケティング戦略（差別化とポジショニング）の策定，マーケティング・プログラムの立案，マーケティング努力の組織化，実行，コントロールからなる（コトラー　2002：62〜64参照）。

マーケティング・プログラムとは，4Pすなわち，製品，価格，流通，販売促進の諸政策というマーケティング・ミックスを意味する（大石　2001：55参照）。

(3) **グローバル・マーケティングの主体**

しかし，嶋（2000）のように，**グローバル・マーケティング**は「企業の存続・発展のためのグローバル競争環境下における生活標準の提供を通した顧客創造

活動」であると定義することもできる。この定義は，従来の多国籍企業論をはじめとした企業論や経営学からの視点ではなく，マーケティングを取引・交換の立場から捉えたものである。

図表1−2　グローバル・マーケティングの変化

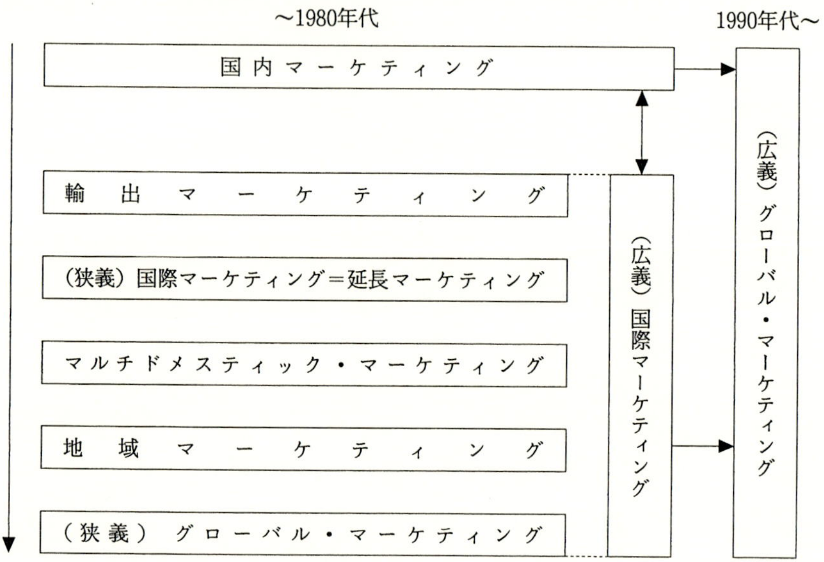

~1980年代　　　　　　　　　　　　　1990年代~

- 国内マーケティング
- 輸出マーケティング
- （狭義）国際マーケティング＝延長マーケティング
- マルチドメスティック・マーケティング
- 地域マーケティング
- （狭義）グローバル・マーケティング

（広義）国際マーケティング

（広義）グローバル・マーケティング

（出所）嶋（2000）を修正して筆者作成。

そもそも，嶋によれば，「**グローバル・マーケティング**」には狭義と広義の意味がある（図表1−2）。狭義のグローバル・マーケティングは，1990年代に出現したグローバル企業によるマーケティングを指す。これは，コカ・コーラ社のように世界中に子会社や支店のネットワークをめぐらせているグローバル企業のみが実施可能である。広義のグローバル・マーケティングはグローバル市場を志向する企業のマーケティングであり，必ずしも巨大企業とは限らない。小規模の企業であっても国内にだけ市場を求めるとは限らず，競争の激しい国内市場を避けて国外市場を求める企業が多くなってきている。つまり，成長の過程でグローバル化するのではなく，成長の戦略としてグローバル市場を志向

するものであり，こうした企業が採用する戦略的マーケティングを嶋は広義のグローバル・マーケティングと呼称している。

1990年代のグローバル市場の実現はむしろ小規模企業や途上国の企業にマーケティング機会を提供しており，われわれが今まで用いてきたグローバル・マーケティングという用語は実はグローバル企業ないしは多国籍企業を主体とする，限定的なグローバル・マーケティングを指してきたと嶋は指摘する（嶋 2000：20）。

本書では広義のグローバル・マーケティングの意味で「グローバル・マーケティング」を捉えていくことにする。すなわち，多国籍企業に限らず小規模の企業であっても，成長戦略としてグローバル市場を志向し，そうした企業が採用する戦略的マーケティングを**グローバル・マーケティング**と考える。

4．グローバル・マーケティングの進化と海外市場参入の諸段階

本節では，グローバル・マーケティングの進化を特徴づける諸段階を説明する。グローバル・マーケティングへのかかわり方の進化の動向を知ることは重要である。なぜならば，競合企業の将来採りうるマーケティング戦略を予測することによって，より効率的に競争することができるからである。さらに，企業が国際経験をいかに学習し獲得するか，そして，競争優位を作り上げるためにそれらの経験をいかに用いるかを理解することができるからである（小田部 2001：12）。

グローバル・マーケティングの進化は，8段階からなっている。それは，(1)国内マーケティング，(2)単なる輸出，(3)OEM輸出マーケティング，(4)輸出マーケティング（直接輸出），(5)延長マーケティング，(6)マルチドメスティック・マーケティング（Multidomestic Marketing），(7)地域マーケティング，(8)グローバル・マーケティングである（大石 2001，近藤 2001，Johansson 2000）。

このうち，広義の**国際マーケティング**は，(4)輸出マーケティング〜(8)グローバル・マーケティングを指す。これに対して，狭義の国際マーケティングは国内で行ってきた4Pなどのマーケティング活動をほとんど修正なしにそのまま

海外延長（extension）する，(5)「延長マーケティング」を意味する。延長マーケティングは，狭義のグローバル・マーケティングと対比して**国際マーケティング**（international marketing）と呼称されることが多い。しかし，本書では両者の混同を忌避するため，大石（2001）に倣い，狭義の国際マーケティングを「**延長マーケティング**」と呼称する。

　グローバル・マーケティングの進化とそれぞれのマーケティングの差異をわかりやすくまとめたものが，図表1－3である。

図表1－3　グローバル・マーケティングの進化と特徴

	輸出マーケティング→延長マーケティング（狭義の国際マーケティング）	マルチドメスティック・マーケティング	地域マーケティング	グローバル・マーケティング
志向	本国（エスノセントリック）	ローカル（ポリセントリック）	地域（リージセントリック）	グローバル（ジオセントリック）
製品計画	本国消費者ニーズを第一に考えた製品開発	現地ニーズに基づく製品開発	地域内での標準化	地域別多様性を許容するグローバル製品
マーケティング・ミックス意思決定	本社が決定	各国で決定	地域別に決定	本社・子会社相互の話し合いによる共同決定
マーケティングのタイプ	本国のマーケティング戦略をそのまま延長，本国のブランドをそのまま延長，本国が広告・宣伝販売コストを負担	国ごとにマーケティング戦略の修正，国ごとの新ブランドを開発，国に適応した広告・販売促進コストを分担	地域ごとにマーケティング戦略の修正，地域ごとの新ブランドを開発，地域ごとに広告・販売促進コストを分担	国や地域を越えてマーケティング・ミックスを調整，調達・生産とマーケティングとの統合，製品ポートフォリオの均衡と成長のための資源配布

（出所）小田部（2001）邦訳13頁を修正して筆者作成。

(1) 国内マーケティング

国内マーケティングは，すでに戦前の日本において石鹸や化粧品，自動車などの限定された消費財産業で，国内市場を舞台にマス・マーケティングとして展開されていた。戦後は国内市場のみならず，海外市場もターゲットとして本格的に広義の国際マーケティングが展開されてきた。海外市場に参入する以前の国内市場だけで行われてきたマーケティングを**国内マーケティング**という（近藤 2001：25）。

(2) 単なる輸出

単なる輸出は国内市場向けに生産された余剰生産物の輸出であり，スポット取引を中心とする。これは不特定の取引相手との短期的販売の特徴を有する。この段階では，メーカーは直接，輸出入に携わっておらず，輸出業者や輸入業者など商社任せのビジネスである（近藤 2001）。商社のように本国で輸出業務を行っている仲介業者を利用する輸出を「**間接輸出**」という（竹田編 1994：45）。

(3) OEM輸出マーケティング

OEM輸出マーケティングとは，相手先ブランド生産（original equipment manufacturers）による輸出マーケティングを指す。これは，製品を発注する企業の仕様書に基づいて下請け生産し，出来上がった製品は発注者のブランドで販売するやり方である。発注する企業がメーカーの場合は**ナショナル・ブランド**（NB：national brand）供給といい，それが卸売・小売業者などの流通業者の場合は**プライベート・ブランド**（PB：private brand）供給という（近藤 2001：27）。

近藤の日本家電メーカーの対アメリカ市場参入行動の研究によると，OEM輸出マーケティングのメリットは以下の通りである（近藤 1992，1995，1996，1999a，1999b）。

(1)一度に大量の受注が可能で，規模の経済性の発揮と相手任せの販売による流通費用の節約によるコストダウンができたこと。

(2)アメリカから製品開発技術を短期にキャッチアップすることができたこと。
(3)デザイン,カラー,包装などアメリカの顧客のニーズの学習が可能であったことである。

一方,デメリットは,
(1)相手企業の受注によってその販売先,販売量さらには価格まで決定されたため不安定であったこと。
(2)マーケティング技法や販売チャネルに関するノウハウやその経験の蓄積ができなかったこと。
(3)自社ブランドの普及と定着をはかることができなかったことである。

(4) 輸出マーケティング(直接輸出マーケティング)

輸出マーケティングは,輸出国の消費者のニーズやウォンツに基づいて生産された商品を,独立中間業者を媒介としないで,進出国に設立した販売会社などを拠点に計画的に輸出し,顧客のニーズを長期・継続的に実現するマーケティングである。「**ニーズ**」(必要性)とはコトラー(1996,2002)によると食料,水,衣服,風雨を避ける場所といった人間の生活上基本的な要件であり,「**ウォンツ**」(欲求)とはそのニーズを満たす特定のものが欲しいという欲望を指す。ロシア人にとって食料はニーズだが,ボルシチ,ペリメニはウォンツである。輸出マーケティングでは,販売後もアフター・サービスや顧客の満足などにおいて責任をもつ。これは無計画的,スポット的販売を特徴とする単なる商品輸出とは異なる性格をもつ。輸出マーケティングは,**直接輸出マーケティング**であるともいえる。直接輸出マーケティングは,OEM輸出マーケティングとは異なり,自社ブランド製品を現地の販売子会社を通して販売し,販売後もアフター・サービスや消費者の不満の処理などにも責任をもつゆえ,本格的な輸出マーケティングであるともいえる(近藤 2001,2004)。このように,商社などの仲介業者を通さず,メーカーが直接,相手国へ輸出する方式を「**直接輸出**」という。直接輸出には,(1)相手国の代理店や流通業者を通じる方式と,(2)自社の

支店や子会社を通じる方式がある（竹田編 1994：45）。

　メーカーは，直接輸出により最終小売価格の管理，販売促進活動の積極化，アフター・サービスの改善，物的流通の効率化が可能になる。そして，自社で「販売の完結」を行うことができる。この段階は，自己ブランドによる自社販売という長期的マーケティングを実施する段階であり，現地生産のための前提となる。

　竹田（1985）は最終需要家のニーズを把握するために「販売の完結」を可能にするシステム作りを重視しており，これがマーケティング・イノベーションへつながる前提になるとしている。マーケティングにかかわる革新はすべて**マーケティング・イノベーション**といえる。例えば，差異性の提供や新しい方法（プログラム）の導入などによる需要創造，消費者や顧客がもつ問題の解決のために新しい情報を利用すること（田村 1989），顧客に対する適応，製品革新（**プロダクト・イノベーション**）や製品の一部改良，ポイントカード制の導入，新しい販売促進の導入などマーケティングにかかわるあらゆる革新を指す。

　現地市場に販売拠点を設置するのは，企業が当該地域での自社の資産を統制し，当該市場における競争業者の動向や主要な変化を監視したいからである。これによって，市場変化に迅速に対応でき，顧客ネットワークを構築して，よりよい顧客サービスを促進できるなどの長所を有する。しかしながら，資源投入量が大きいゆえにリスクも大きい。だが，期待されるリターンが，低い資源投入量による参入様式よりも大きい。

　やがて，海外での販売量が一定以上に達すると現地生産を行う場合がある。あるいは貿易摩擦による輸出の数量規制に対応して輸出から海外生産を始める場合もある。この段階が「現地生産」である[1]。

---

[1] 例えば，1982年に，日本のヨーロッパ向けのVTRの輸出急増が貿易収支赤字増大の原因と認められ，日本メーカーのVTR集中豪雨的輸出に対して，ダンピング提訴が行われた。これを契機にVTRをめぐって日本とヨーロッパとの間に貿易摩擦が発生し，日本・EC間のVTRに関する通商問題が表面化した。83年に，日本の通産省とEC委員会の話合いによって，83年から85年までの3年間，日本から完成品輸出の抑制，輸出入取引法による最低輸出価格制を骨子とする対ECのVTR輸出モデレーションを行うことが決まった。日本ビクターはEC向け輸出数量規制に対応して現地生産を始めた（胡・宋 2001：231～233）。

(5) 延長マーケティング

　延長マーケティングは，本国で生産された製品を複数国の現地販売子会社を拠点として展開されるマーケティングである。延長マーケティングは輸出マーケティング段階にとどまらず，次の現地生産段階においても見出すことができる（大石 2001）。Perlmutter, H. V. (1969) のEPG (Ethonocentric Polycentric Geocentric) プロファイルを用いると，企業はこの段階では外国市場を国内市場の延長のようにみる**エスノセントリック・アプローチ**（本国志向）を採る傾向にある。本国市場の顧客のために開発された製品を，外国の顧客のニーズをほとんど考慮せずに輸出する。調整の面では本社から子会社への一方的な調整が行われる。経営方針は本国志向である。すなわち，本国のやり方で世界中の事業を管理する。評価や報酬も本国式で行われ，外国人より本国人が厚遇される。本社と子会社の経営幹部には本国人が多くなる。情報の流れは本社から子会社へ一方通行になることが多い（Perlmutter 1969：邦訳581～589）。

　大石（2001）はエスノセントリック・アプローチを国内市場の延長であるので「延長マーケティング」，すなわち，狭義の「国際マーケティング」に分類している。これに対し，小田部（2001）はこのアプローチを「輸出マーケティング」の段階に分類している。このように「国際マーケティング」や「輸出マーケティング」のアプローチの概念には研究者によってその理解に違いがみられる。

　本書では（直接）輸出マーケティングは直接輸出の段階で行われ，延長マーケティングは直接輸出と現地生産の段階で行われ，マーケティング行動としては国内志向を採るものとして把握する。したがって，国際化段階では輸出マーケティングの進化した形が延長マーケティングではあるが，本国市場の顧客のために開発された製品を現地のニーズを考慮せずに輸出するか，あるいは現地生産を行うというアプローチの面からみると両者は同じ「現地志向」であると捉えることができる。

(6) マルチドメスティック・マーケティング

　マルチドメスティック・マーケティング（Multi-domestic Marketing）は，

世界の複数国に生産子会社や販売子会社を作り，各国で生産された製品は各国で販売するマーケティングである。経営方針は，外国市場へ製品や販売促進を現地適応化するという**ポリセントリック・アプローチ**である。ポリセントリック（polycentric）とは元来，「多数中心的」という意味で，多数の国の文化や社会志向であるということを意味する。このため，「現地志向」と訳されている。

　ポリセントリック・アプローチでは，その国固有の慣行や文化を重視して現地の方式で事業運営する。本社は一定の業績が上がる限り，子会社の経営に口をはさまない。各国ごとに評価や昇進，報酬システムがあり，子会社の経営幹部は現地人が多くなる。ポリセントリック・アプローチは市場間にみられる大きな地域文化の差異の存在を重視する企業の傾向であり，それによって，それぞれの国における運営を個別独立に考えるようになる。マルチドメスティック・マーケティングは，異なる国の市場間で顧客ニーズが異なっているために，共通の製品戦略や販売促進戦略が利用できない場合に有用である。例えば，バーバリーは異なる国で異なる製品ラインや価格づけを行ってきた。アメリカでは主として高価なレインコートやスカーフを販売してきた。イタリアでは紳士服を，スイスでは時計を，イギリスではビスケットを販売してきた。これはマルチドメスティック・マーケティングの良い例といえる（小田部 2001：15〜16）[(2)]。

　マルチドメスティック・マーケティングは**マルチドメスティック市場**で行われる。**マルチドメスティック市場**とは，市場が国境の範囲内にあり，消費者と競争者はローカルな性格をもっている。また，異なった国の消費者間には，大きな差異がある。セグメントはローカルに規定されている。競争は現地企業間で行われ，国ごとに競争する。現地市場は個々に独立しており，そのオペレーションは自立していて相互依存性が小さい。ある市場における競争は他の市場の競争に影響しない。戦略は１国をベースとして展開し，複数の市場間で調整活動を行う利点が少ない（Johansson 2000：9−10，小田部 2001：邦訳129）。

---

(2) 小田部（2001）は以上の特徴を狭義の意味での「国際マーケティング」に入れている。しかし，上述の特徴は筆者の分類した「マルチドメスティック・マーケティング」に入ると考え，「マルチドメスティック・マーケティング」に加えた。

現地生産の段階では,販売される国で生産が行われるが,やがて,近隣諸国などへ輸出されるようになる。しかも部品や中間品は第三国にある兄弟子会社などから輸入され,生産されたものがまた別な国に輸出されるようになる。そして,その地で組み立てられ現地ないし海外で販売される。この段階を「**国際ロジスティクス**」と呼ぶ(大石 2001:52～54,竹田 1985)。マルチドメスティック・マーケティングは現地生産の段階のみならず,国際ロジスティクスの段階でも利用される。また,国際ロジスティクス段階では地域マーケティングやグローバル・マーケティング戦略も使われるようになる。

(7) 地域マーケティング

地域マーケティングは,ASEAN,EU,NAFTAなどを想定したマーケティングで,世界の複数地域単位に生産子会社や販売子会社を作り,そこで生産された製品は各地域で販売するマーケティングである。経営方針は**地域志向**(**リージョセントリック**:regiocentric)である。すなわち,ヨーロッパやアジアを1つのまとまったエリアとみなして世界の事業を管理する。評価や報酬の基準は地域本部で決められる。エリア内で人材・情報の交流が行われ,経営幹部はエリア内からの人材を登用する(Douglas & Craig 1989:48)。

「地域マーケティング」は大石(2001)の用語であるが,小田部(2001)は,大石が「地域マーケティング」と呼称しているマーケティングを「**多国籍マーケティング**」と呼称している。小田部によると,企業は世界中の多数の国で自社製品を販売するようになるが,企業の経営陣はその活動のいくつかを地域ベースで統合するようになる。こうしたリージョセントリックなアプローチは西ヨーロッパ内などの近接国グループといった地域内で標準化し得る。製品は地域ごとに製造され,広告・販売促進・流通チャネルのコストは,地域内の子会社間で分担される。市場における地域イメージを形成するために,地域運営を強化する新しい地域ブランドを開発する。こうした地域志向のマーケティングを小田部は「**多国籍マーケティング**」と呼ぶ(小田部 2001:16)。

一方,近藤(2001)は国際マーケティングの代表的な研究者であるキーガン

の説を援用しつつ,「多国籍マーケティング」とは「世界の複数国に生産と販売子会社を作り,それぞれの国で生産したものはそれぞれの国で販売するという自己完結度の高いマーケティング」と定義している。この定義は大石（2001）の「マルチドメスティック・マーケティング」と同義である。竹田（1996）もキーガンを援用しつつ,「多国籍マーケティング」は,本国マーケティング・ミックスを特異な要請や習慣に合うようにしたマーケティングであると定義している（竹田 1996：73）。竹田の定義も大石のマルチドメスティック・マーケティングの定義と同義であると考えてよい。Johanssonの「多国籍マーケティング」の定義は「すべての市場がローカルな顧客が互いに大きく異なる嗜好や要求をもっている製品市場,マルチドメスティック市場かあるいは強いローカルな嗜好を持った市場を想定したマーケティング戦略」であると定義している（Johansson 2000：9）。彼の定義も「多国籍マーケティング」＝「マルチドメスティック・マーケティング」と考えてよい。

　このように,「マルチドメスティック・マーケティング」「多国籍マーケティング」「地域マーケティング」が混同されて用いられている[3]。しかしながら,共通して言えることは,「マルチドメスティック・マーケティング」（竹田,近藤,Johanssonが呼称する多国籍マーケティング）から「地域マーケティング」（小田部が呼称する多国籍マーケティング）へと進化していることである。本書では大石（2001）に倣い,竹田,近藤,Johanssonが呼称する多国籍マーケティングを「マルチドメスティック・マーケティング」と呼称し,次段階として「地域マーケティング」へ進化するものとして把握する。

(8)　グローバル・マーケティング

　グローバル・マーケティングは,世界中に生産子会社や販売子会社を作り,そこで生産された製品を世界中で販売するマーケティングである。グローバル

---

[3]「グローバル・マーケティングは国際マーケティングの現代的形態である」と考える大石のような論者もいれば「国際マーケティングからグローバル・マーケティングへ」と考える論者もいる（大石 2003b：37）。

戦略では，諸国間の連係を世界的に掌握し，全世界を国境のない単一市場と扱うため，この企業の全事業活動を世界ベースで統合する。グローバル・マーケティング戦略はグローバル戦略の一構成要素である。グローバル・マーケティングはグローバル市場を対象として行われる。**グローバル市場**とは，マルチドメスティック市場とは異なり，国境を越えた市場であって，消費者や競争者は国境を越えて売買する。マーケティング戦略を開発する際には国ごとや地域ごとではなく，グローバルな視点をもつ。異なった国の消費者間には，類似性がみられ，市場セグメント（部門）は国境を越えて定義される。競争はグローバルなレベルで行われる。各国の市場はオペレーションの面で相互依存性が高い。ある市場の競争は他の市場のそれに影響を与える。戦略は世界規模で展開され，グローバルに調整活動を行う利点が大きい（Johansson 2000：10，小田部 2001：邦訳17，129，141）。

　グローバル・マーケティングでは研究開発は技術の進んだ国で行われ，生産はコスト優位の国で行われる。製品は第三国や本国に逆輸出され世界中で販売される。このように研究開発と生産拠点が世界規模で適材適所に配置され，それを背景に各現地でマーケティングが展開される。グローバル・マーケティングにおいては本社から子会社への一方的な統制ではなく，両者間で双方向の調整が行われるとともに，子会社間の調整も行われる。その経営者はグローバル規模でシナジーを達成するために国境を越えた経営の調整と統合を試みる。経営方針は，**世界志向**（ジオセントリック：geocentric）である。つまり，各国子会社の独自の経営スタイルや文化を尊重しながらも全世界で統一のとれた事業運営を実施する。文化や国を越えて，誰もが納得する評価や報酬の体系，昇進のあり方を整備し，経営幹部には世界中から優秀な人材を登用する。

　この段階にくると，多国籍なオペレーションでの経営機能の**シナジー効果**（相乗効果），すなわち「**連結の経済性**」が競争優位の源泉となる。海外工場で生産された製品は現地，隣国，日本，第三国などさまざまなところで販売していることが多く，ロジスティクスの点からできるだけ在庫を抱えないように最適化することが経営上望まれる。**ロジスティクス**とは資材調達・生産・販売・

廃棄・リサイクルを含む全過程を物の流れをベースとして捉え,全体最適なシステムを形成しようとするものである。これを,「グローバルSCM」(Supply Chain Management)と呼ぶ。SCMとは,企業間ロジスティクスである。すなわち,サプライヤー,メーカー,卸,小売,最終顧客に至るまでの各チャネル全体の「物の動き」の全体最適を求めるものである(菊池 2003)。グローバルSCMとは,グローバルな視点と規模で実施しようというものである(山下・諸上・村田編 2003)。そもそも,これは調達や販売において,必要な物を,必要な数量を,必要な場所に,必要な時に供給することを意味しており,トヨタ自動車の「**かんばん方式**」と概念は同じである。かんばん方式は工場の自動車組み立てライン上で部品数量の減少により発注が必要になったときに「かんばん」と呼ばれている発注表を工場の人間が回収して決められたポストに入れておくと,部品メーカーがそれを回収し,その部品を製造もしくは調達して工場にかんばんと共に納入する方式である。SCMはこれをコンピュータ化したものである。かんばん方式はお金と情報の流れが伴わないが,SCMとして機能するためにはお金と情報の流れも伴い連動していく必要がある。つまり物の流れ,情報,お金が1つになってつながるとSCMといえる。**SCM**は企業という枠を飛び越えた企業間の協働である。

そして,グローバルSCMでは「販売を重点に据えた改革」と「連結経営の視点に立った改革」が基本となる。そのために,的確な需要予測,柔軟な生産体制,効率的な部品調達が実施の条件となる。「販売を重点に据えた改革」では,生産側からのプッシュではなく,販売側からのプルで全体のシステムを構築する[4]。つまり,生産工程におけるトヨタかんばん方式をサプライチェーン

---

[4] マーケティング戦略には,プッシュ戦略とプル戦略という2つの考え方がある。**プッシュ戦略**は,製品を消費者の方に押して行くという意味である。消費者への販売促進において,企業がセールスマンなどの人的販売に重点を置き,メーカー→卸売業者→小売業者→消費者へと製品を販売して行くことに重点を置く戦略である。これに対して**プル戦略**は,消費者を引っ張ってくるという意味である。すなわち,消費者への販売促進において,企業が消費者に対しブランドや製品の広告を行い,消費者の需要を喚起し,その製品を販売している店舗等へ足を運ばせ,ブランドを指名して購買させることに重点を置く戦略である。この戦略では広告戦略に重点が置かれることになる。

全体に拡張することである。「連結経営の視点に立った改革」とは，調達・生産・販売・事業本部の各部門の全体最適を目指すことである（Douglas & Craig 1989：49，大石 2003a：69，大石 2003c：14）。

　ここでは狭義の「グローバル・マーケティング」について論じてきた。狭義の「グローバル・マーケティング」という用語も，小坂（1997）が指摘する通り，論者により異なる意味に使われており，以下の2つの概念に分けて論ずる必要がある。
(1)世界に共通の標準化されたマーケティングを表す概念
(2)標準化されたマーケティングと適応化されたマーケティングを含む概念

　(2)の概念は，(1)の世界に共通の標準化されたマーケティングと，各国ごとに適応化されたマルチナショナル・マーケティングの両方を包含した概念である。本書では，(2)標準化されたマーケティングと適応化されたマーケティングを含む概念を**「グローバル・マーケティング」**と呼ぶ。

　グローバル・マーケティングは，グローバル・ベースでマーケティング・プロセスを標準化することではない。標準化はグローバル・マーケティング戦略の一部分であって，製品や市場の諸条件，市場発展の段階，および多国籍企業経営者の性格等の組み合わせによって，企業に利用されたり，されなかったりする。企業活動は世界規模で統合されており，企業はジオセントリック（世界志向）な観点を取る必要がある（小田部 2001:124, 140）。

　以上のグローバル・マーケティングへの進化過程をわかりやすくするために大石（2001）を修正して図に表したものが図表1－4である。白抜きの国内からグローバルSCMまでは，生産場所と販売場所を基準とした国際関与の諸段階を表しており，単線的発展を示す。これに対して，塗りつぶした輸出マーケティングからグローバル・マーケティングまではマーケティングの性格を表しており重複している部分が生じる。グローバル・マーケティングはそれより左側にあるさまざまなマーケティング戦略を内包したマーケティングであり，一見，グローバル・マーケティングから地域マーケティングへの復帰と思われる

現象も生じている。例えば，乗用車の4極（日本，アジア，北米，欧州）開発などがそれである。

しかし，輸出マーケティングからグローバル・マーケティングへの発展は単線的ではないので，右側から左側への復帰も大いにありうる。大切なのはグローバル・マーケティングは世界市場を対象とし，世界的に配置された調達・生産・販売・研究開発・サービス拠点をネットワークとしてつなぎ，世界的な競争優位を獲得しようというものである点だ（大石 2001：54〜56を修正）。

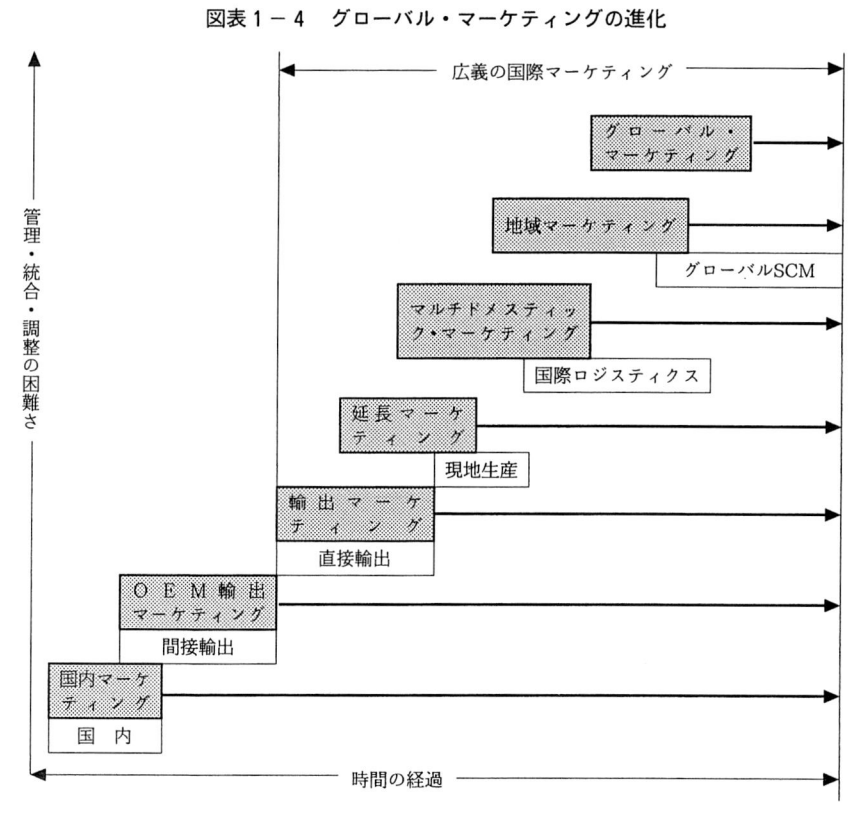

図表1－4　グローバル・マーケティングの進化

(出所）大石（2001）を修正して筆者作成。

5．むすび

　以上，グローバル・マーケティングの定義を明らかにし，国際マーケティングからグローバル・マーケティングへどのように進化してきたのかを動態的に検討してきた。「グローバル・マーケティング」「多国籍マーケティング」「国際マーケティング」「マルチドメスティック・マーケティング」など多くの論者が異なる定義をしていることが看取された。筆者はそれを既存研究を体系的に整理し，国際マーケティングからグローバル・マーケティングへの進化の過程を明らかにしてきた。

　グローバル・マーケティングはいわゆるグローバル企業や多国籍企業のマーケティングを指すのではなく，小規模であってもグローバル・マーケティングによって成長・発展をいかに遂げるかが問題である（嶋　2000：30）。これは広義の**「グローバル・マーケティング」**の概念である。これに対して，狭義の「グローバル・マーケティング」の概念はグローバル企業あるいは多国籍企業によるグローバルな志向をもった戦略的マーケティングを指す。また，広義の国際マーケティングは「輸出マーケティング」「拡張マーケティグ」「マルチドメスティック・マーケティング」「地域マーケティング」「狭義のグローバル・マーケティング」と進化してきたことも看取された。

　1980年代までは国内マーケティングと国際マーケティングがそれぞれ独立して行われてきたが，1990年代からグローバル化が進みグローバル市場が実現した。それによって従来の国内・国際という垣根が取り払われ，小規模企業もグローバル市場を相手に戦略的マーケティングを採用するようになった。これが広義の意味でのグローバル・マーケティングへの進化である。しかし，一般に使用されている**「グローバル・マーケティング」**とはグローバル企業ないしは多国籍企業など世界的なネットワークをもつ企業が世界市場を志向して行うことができる戦略的マーケティングのことで，それは広義の国際マーケティングの国際化発展段階の一段階と捉えることができる。

【参考文献】

Bartlett, C. P. & Ghoshal, S. (1989) *Managing Across Borders:The Transnational Solution* (バートレット, C. P. ／ ゴシャール, S. 『地球市場時代の企業戦略：トランスナショナル・マネジメントの構築』(吉原英樹監訳) 日本経済新聞社, 1990).

Douglas, S. P. & Craig, C. S. (1989) "Evolution of Global Marketing Strategy: Scale, Scope and Synergy", *Columbia Journal of World Business*, Fall, pp.47-59.

Johansson, J. K. (2000) *Global marketing:foreign entry, local marketing and global management* 2nd., Boston, Irwin／McGraw-Hill.

Perlmutter, H. V. (1969) "The Tortuous Evolution of the Multinational Corporation", *Columbia Journal of World Business*, Vol. 4, No. 1, pp.9-18 (パールミュッター, H. V.「苦難に満ちた多国籍企業への進展過程」(江夏健一訳)『国際ビジネス・クラシックス』(中島 潤・首藤信彦・安室憲一・鈴木典比古・江夏健一監訳, AIB JAPAN訳) ベーカー, J. C., ライアンズ, J. K. &ハワード, Jr. D. G.編, 文眞堂, 1990, 575〜596頁).

Porter, M. E.(1986) "The Strategic Role of International Marketing", *The Journal of Consumer Marketing*, Vol.3, No.2, Spring, pp.17-21.

大石芳裕 (2000)「グローバル・マーケティングの概念規定」高井 眞編著『グローバル・マーケティングへの進化と課題』同文舘。

── (2001)「グローバル・マーケティングの現代的課題：ブランドとIT：アマゾン・ドット・コム」近藤文男・陶山計介・青木俊昭編著『21世紀のマーケティング戦略』ミネルヴァ書房。

── (2003a)「シャープ：グローバルSCMの構築」『ケースブック国際経営』有斐閣。

── (2003b)「日本における国際マーケティング研究：角松正雄先生の研究を中心に」『熊本学園商学論集』第9巻第3号 (通巻第32号), 熊本学園大学商学会。

── (2003c)「グローバルSCMの現状と課題」『マーケティング・ジャーナル』第88号, 14〜27頁, 日本マーケティング協会。

尾上伊知郎 (1995)「戦略的マーケティングの構図」(社) 日本マーケティング協会編『マーケティング・ベーシックス』同文舘。

外務省 (2002)『外交青書』国立印刷局。

菊池康也（2003）『最新ロジスティクス入門〔3訂版〕』税務経理協会。
黄　燐（2003）『新興市場戦略論：グローバル・ネットワークとマーケティング・イノベーション』千倉書房。
小坂　恕（1997）『グローバル・マーケティング』国元書房。
小田部正明，クリスチアン・ヘルセン（2001）『グローバルビジネス戦略』（横井義則監訳，三浦俊彦他訳）同文舘出版。
コトラー（1997）『マーケティングマネジメント〔第7版〕：持続的成長の開発と戦略展開』（村田昭治監修，小坂　恕，三村優美子，疋田　聰訳）プレジデント社。
── (2002)『コトラーのマーケティング・マネジメント基本編』（恩蔵直人監修，月谷真紀訳）ピアソン・エデュケーション。
近藤文男（1992）「日本の民生用電子産業の国際マーケティング」柏尾昌哉，小野一一郎，河合信男監修『国際流通とマーケティング』同文舘。
──（1995）「家電産業のマーケティング」角松正雄編『日本企業のマーケティング』大月書店。
──（1996）「電子産業における国際マーケティング」角松正雄・大石芳裕編著『国際マーケティング体系』ミネルヴァ書房。
──（1999a）「東芝の対米輸出マーケティング」近藤文男・若林靖永編『日本企業のマス・マーケティング史』同文舘。
──（1999b）「松下電器産業の輸出マーケティング」『経済論叢別冊─調査と研究』第17号，京都大学。
──（2001）「グローバル・マーケティング：民生用電子機器の対米輸出マーケティング」近藤文男・陶山計介・青木俊昭編著『21世紀のマーケティング戦略』ミネルヴァ書房。
──（2004）『日本企業の国際マーケティング』有斐閣。
嶋　正（1996）「グローバル・マーケティング戦略」角松正雄・大石芳裕編著『国際マーケティング体系』150〜173頁，ミネルヴァ書房。
──（2000）「グローバル・マーケティングの進化」高井眞編著『グローバル・マーケティングへの進化と課題』同文舘。
竹田志郎（1985）『日本企業の国際マーケティング』同文舘。
──編著（1994）『国際経営論』中央経済社。
──（1996）「国際マーケティングの特性」角松正雄・大石芳裕編著『国際マーケティング体系』62〜84頁，ミネルヴァ書房。

ハマー, J・チャンピー, M.（1993）『リエンジニアリング革命』日本経済新聞社。
藤沢武史（2000）『多国籍企業の市場参入行動』文眞堂。
胡左浩・宋　華（2001）「日本ビクターの国際マーケティング」京都大学マーケティング研究会編『マス・マーケティングの発展・革新』同文舘。
ポーター, M. E.（1985）『競争優位の戦略』ダイヤモンド社。
諸上茂登・藤沢武史（1997）『グローバル・マーケティング』中央経済社。
山下洋史・諸上茂登・村田　潔編著（2003）『グローバルSCM』有斐閣。

第2章

グローバル・マーケティング戦略の枠組み

1. グローバル・マーケティング戦略策定のプロセス

ある国,例えば新興市場,ロシアに自社製品を輸出したいとか,工場を設立し現地生産を行いたい場合に,どのような順序でグローバル・マーケティング戦略を立案していけばよいのだろうか。

グローバル・マーケティングは,世界市場を視野に入れた戦略的マーケティング・プロセスとプログラムであるので,まず,経営理念(managerial ideology)と社会に対する使命(ミッション)を企業目標として設定する必要がある。

2. 経営理念とビジョン

経営理念とは企業が社会にどのような役割を果たすのかについての指導原理である。良い経営理念や使命は,限られた数の目標に的が絞られている。経営理念と使命(ミッション)が明確であれば,従業員は目的,方向性,機会について共通の意識をもつことができる。次に将来の進むべき方向性を示したビジョン(将来の構想)を決める。

第3に,ドメイン(domain)を決定する。

3. ドメイン

ドメイン(domain)とは企業の事業領域のことであり,生存領域と呼ばれている。それは自社の事業とは何かという企業の基本使命を明らかにすることである。すなわち,企業が経営資源を展開すべき範囲を明確にすることである。**経営資源**とは,企業活動に必要な能力・資源をいう。具体的にはヒト(人的能

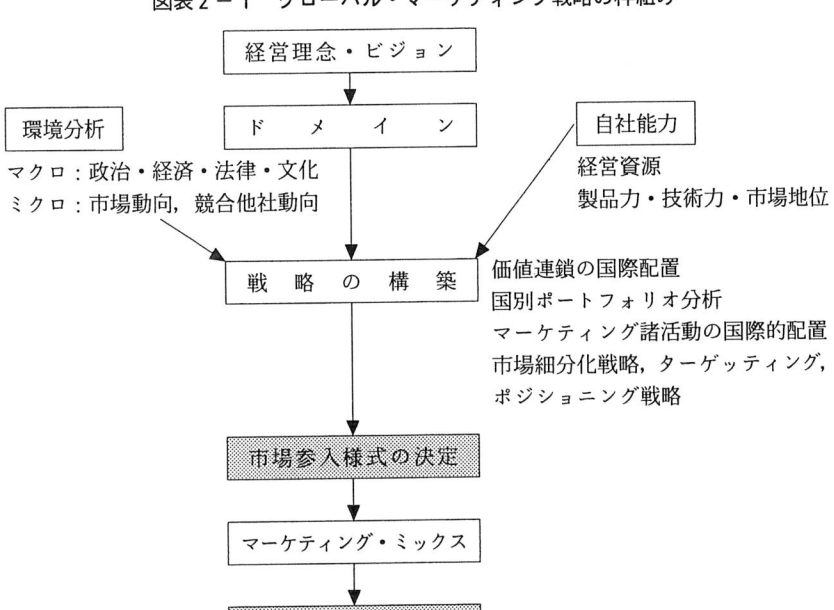

図表 2 − 1　グローバル・マーケティング戦略の枠組み

```
                    ┌─────────────────┐
                    │  経営理念・ビジョン  │
                    └────────┬────────┘
                             ↓
  ┌────────┐        ┌─────────────────┐        ┌────────┐
  │ 環境分析 │        │  ド メ イ ン    │        │ 自社能力 │
  └────────┘        └────────┬────────┘        └────────┘
マクロ：政治・経済・法律・文化                              経営資源
ミクロ：市場動向，競合他社動向                              製品力・技術力・市場地位
         ↘               ↓               ↙
                 ┌─────────────────┐      価値連鎖の国際配置
                 │  戦 略 の 構 築  │      国別ポートフォリオ分析
                 └────────┬────────┘      マーケティング諸活動の国際的配置
                          ↓                市場細分化戦略，ターゲッティング，
                                           ポジショニング戦略
                 ┌─────────────────┐
                 │  市場参入様式の決定  │
                 └────────┬────────┘
                          ↓
                 ┌─────────────────┐
                 │ マーケティング・ミックス │
                 └────────┬────────┘
                          ↓
                 ┌─────────────────┐
                 │  グローバル調整・統合  │
                 └─────────────────┘
```

価値連鎖のなかの他の活動の国際配置・調整との連結
グローバル規模でのシナジーを達成するために国境を越えた経営の調整とマーケティング諸活動の国際的調整（マーケティング活動を標準化 vs 現地適応化，国の間でのノウハウの交換，マーケティング業務の多国間統合，すべての国に共通な方法の適用）

(出所) 井原（2001：114）を基に筆者作成。

力）・モノ（商品・サービス）・カネ（資金力）・情報（技術力，ノウハウ）などが含まれる。ほかには，無形の財産である技術ノウハウや顧客の信用も重要な経営資源である。これを企業にいかに保有し蓄積していくのかが戦略形成にとって重要である。

4. 環境分析

第4に，参入しようと計画している国の環境分析を把握する。これにはマク

ロ分析とミクロ分析がある。環境分析は,現在の状況のみならず,将来の環境の変化も考慮しなければならない。

(1) マクロ分析

参入したい国の政治・経済・法律・文化・社会など,その国の環境全体の動向を把握できるものを分析する。図表2－2～2－4は,外国市場への参入決定の際の機会・リスク分析に使用される指標の例である。

図表2－2　事業環境評価のための指標例

指標のタイプ	指標例
政治的側面	政府システム：民主的,権威主義的,独裁制 政府交代の頻度 暴動,反乱,ストライキの頻度 軍部の出動と影響力 外国企業への態度 専門家による政治的安定性の評価
金融的側面	インフレ率 外国為替リスク 資金フローへの諸制限 為替統制 対外債務 為替率の安定性
法的側面	輸出入制限（関税,割当） 所有の制限 製品に関する諸基準と諸規制 環境に関する諸基準 競争,独占規制 価格統制と規制 特許と商標に関する法規

(出所) 諸上・藤沢 (2003：55)。

図表 2－3　市場の潜在性評価のための指標例

指標のタイプ	指標例
人口統計的な特徴	人口，年間平均人口増加率 都市化（都市人口比率） 人口比率（0～14歳） 人口密度 人口の年齢構成 平均寿命 幼児死亡率
地理的諸要因	国土の広さ 地形上の特徴 気候条件（平均気温） 年間降水量，降雪量
経済的諸要因	一人当たりGDP 所得分布（上位20％世帯のGNP比率） GDPの年間成長率 農業人口の成長率 製造業人口の成長率 サービス業人口の成長率 エネルギー消費量 鉄鋼消費量
技術的，教育的諸要因	科学・技術力 現存の生産技術 現存の消費技術 成人識字率 一人当たりのPC所有率 社会科学・自然科学分野の博士号取得者の数 高等教育終了の年齢層別比率 中等教育終了の年齢層別比率
社会文化的諸要因	支配的価値観 ライフスタイル・パターン 人種の数 言語の数 医師一人当たりの人口 主たる宗教

（出所）諸上・藤沢（2003：55～56）を一部修正して作成。

図表2-4　インフラ評価のための指標例

指標のタイプ	指標例
統合ネットワーク	コミュニケーション・ネットワークの利用可能性 鉄道ネットワーク（キロ数） 道路ネットワーク（キロ数） 航空貨物輸送（容量） 一人当たり小売店舗数 小売所有の集中度 TV，ラジオの所有率 雑誌，新聞の発行部数 一人あたりの電話機台数 一人あたりの自動車台数
基本的資源	ガス消費量 エネルギー消費量 キロワット時（kwh）電力コスト 月額賃金コスト 労働者の技能水準 資金の入手可能性 金利 賃借料

（出所）諸上・藤沢（2003：56～57）を一部修正して作成。

(2) ミクロ分析

　特定の市場の状況や，競合他社との競争状況がわかるものを分析する。例えば，図表2-5のように販売動向の調査，業界動向の調査，競合他社の調査などが含まれる。一般的には現地のマーケティング会社へ調査を依頼する。これを基に参入セグメントの選定を行い，ターゲット市場に働きかけるための製品，価格，プロモーション，流通チャネルの組み合わせである，マーケティング・ミックスの決定を行う。

図表2-5　市場の潜在性評価のための指標例

指標のタイプ	指標例
製品の販売と使用	製品販売量 製品所有（世帯向け事業の比率） 販売量の年々の成長率 製品の販売数 購買頻度 平均購買規模
補完製品，代替製品の使用	補完製品の販売量と成長率 ユーザー産業の存在と規模 代替製品の販売量と成長率 補完製品の所有 中古市場の規模
競争	企業数 主要競合他社の存在 競合他社の成長率，市場占有率 上位3企業の市場占有率

（出所）諸上・藤沢（2003：58）を一部修正して作成。

5．自社能力

次に，自社能力の分析を行う。自社はどのような経営資源（ヒト，モノ，カネ，情報）があるのか。参入しようとする国の市場で，どのくらいの**市場地位**にあるのか。**マーケット・リーダー**なのか，**チャレンジャー**なのか，**フォロワー**なのか，**ニッチャー**なのかを明確にする。自社がその業界において，どのような位置付けにあるのかを認識し，それに合った戦略を考えることが必要である。これを**ポジショニング分析**という。

マーケット・リーダー，チャレンジャー，フォロワー，ニッチャーのコトラー（1996）による定義は以下の通りである。

図表2-6のような市場において，トップの企業が40％の市場占有率をもち，以下30％，20％，10％と続いている。ここで最大のシェアを握る企業が**マーケット・リーダー**である。30％のシェアをもつ2番手の企業が，リーダーに対する

図表2－6　想定された市場の構造

マーケット・リーダー	マーケット・チャレンジャー	マーケット・フォロワー	マーケット・ニッチャー
40%	30%	20%	10%

（出所）コトラー（1996：357）。

攻撃を果敢に加えているのが**マーケット・チャレンジャー**である。20%は**マーケット・フォロワー**で，現在のシェアの維持に主眼を置く。残りの10%が**マーケット・ニッチャー**であり，大企業が興味を示さない小さなセグメント（ニッチ：隙間）を対象としている。

　だが，市場占有率だけで分類するのではない。沼上（2000）によると，シェア1位の会社はマーケット・リーダーである。シェア2位以下の会社で，シェアを拡大してリーダーに取って代わろうとする攻撃性をもっている会社が**チャレンジャー**である。そして，必ずしも1位をねらっていない，つまり攻撃性がない会社のなかで，会社独自の生存領域を明確にもっているものを**ニッチャー**と呼ぶ。それをもっていないものを**フォロワー**と呼ぶ（沼上 2000）。

図表2－7　市場地位の分類法

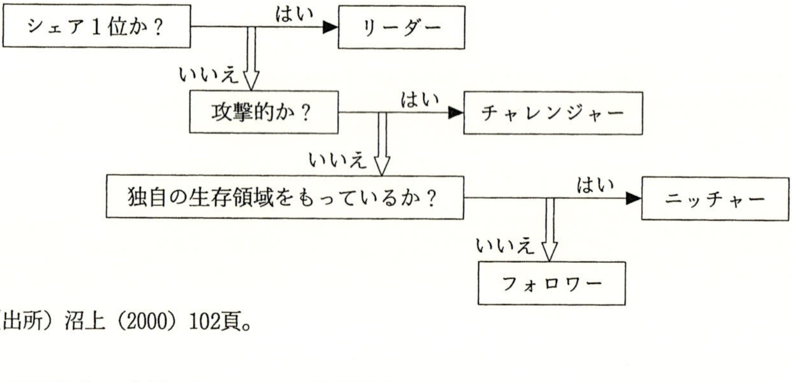

```
シェア1位か？ ──はい──→ リーダー
    │いいえ
    ↓
攻撃的か？ ──はい──→ チャレンジャー
    │いいえ
    ↓
独自の生存領域をもっているか？ ──はい──→ ニッチャー
    │いいえ
    ↓
フォロワー
```

（出所）沼上（2000）102頁。

　自社能力の分析においては，市場占有率だけではなく，得意分野や企業イメージを考慮して自社の**ポジショニング**（位置付け）を多面的に捉えなくてはならない。**ポジショニング**とは，ターゲット顧客の心のなかに独自で価値づけられ

た場所を占有するように，企業やブランドのイメージをデザインする活動をいう。例えば，ボルボは，「最も安全な車」と「最も優れた耐久性」でポジショニングしている（コトラー 1996）。

そして，自社製品の製品力，技術力，販売力についても分析を行う。

6. ポートフォリオ分析

次に，全社的にみた各事業（またはSBU：Strategic Business Unit：戦略的事業単位）への経営資源の配分と各事業（SBU）の基本的な目標・戦略が提示される。どの事業にどの程度の経営資源を投入するかを，全体の**事業ポートフォリオ**に関する戦略のなかで決定する。これを**事業ポートフォリオ計画**という。

プロダクト・ポートフォリオ・マネジメント（PPM）は，複数の事業を行ったりしている企業が，戦略的観点から経営資源の配分が最適なポートフォリオ（事業構成）を決定するための手法を指す。これは，全社的な戦略基準に基づいて各事業の位置付けを行うことを指す。どの事業にどの程度の経営資源を投入するかを，全体の**事業ポートフォリオ**に関する戦略のなかで，**市場成長率**と**営業利益率**などで決定している。**事業ポートフォリオ**とは，企業の事業ミックスを，一定の基準（市場成長率と営業利益率など）の観点から最適化しようというものである。

PPMのメリットはどこにあるのか。
1. 経営者が，より将来的な観点かつ戦略的に考察可能であり，複数の事業を戦略的に再編成できる。
2. 各事業の経済性をよりよく理解できる。
3. 全社（持株会社）のために，資金や資源を有効活用できる。より有望な事業へ投資促進が容易である。
4. 持株会社レベルのトップと事業レベル（子会社レベル）のトップとの間のコミュニケーションを円滑に図れる。
5. ポートフォリオ分析で撤退した方がよい事業が明確になる。このため，

子会社の社長が決断できない撤退の決断を戦略的にできる。
6．全社的統合管理を志向しており，上位の戦略的意思決定ができる。

PPMのデメリットはどこにあるのか。
1．企業が高い成長市場や利益率を過度に重視するようになり，既存事業を軽視する可能性がある。
2．複数の事業間のシナジー効果（相乗効果）を調整できず，個々の事業の意思決定を危険なものにする恐れがある。

　全社的なポートフォリオ分析の後，生産・研究開発・調達・販売などの一連の価値連鎖の活動を世界のどの国に配置し，調整するのか，マーケティング諸活動の**国際的配置**をどうするのか戦略を立てる。
　その後に，今度は参入する国ごとにポートフォリオ分析を行う。例えば，全社的には，あるSBUに経営資源の配分が重点的に置かれていたとしても，新興市場では購買力が不足しており，そのSBUへの参入は時期尚早であるかもしれない。代わりに，先進国では撤退しようとしているSBUが新興市場では適切かもしれない。先進国と同じポートフォリオ分析を新興市場に適用するわけにはいかない。
　ポートフォリオ分析で，どのSBUで参入予定国へ参入するかが決定される。参入予定国へ参入するSBUが決まったら，国ごとに，**市場細分化**を行い，**標的市場**を決め，**市場ポジショニング**を行う。**市場ポジショニング**とは，競争上有利になるような市場の場所を選ぶことである。
　その後，参入国へ参入するにあたり，当該国のマーケティング諸活動（新製品開発，宣伝，販売促進，チャネル構築，マーケティング・リサーチ等）を世界のどこで行うべきか（本社か，地域本部集中か，国別子会社分散か）を決める。

7．参入様式の決定

　次に，参入様式を決定する。参入様式には，輸出，契約，直接投資がある。

それぞれのメリットとデメリットを考えてどの様式で参入するかを決める。それぞれのメリットとデメリットは以下の通りである（竹田編 1992，竹田編 1994，浅川 2003，小田部他 2001，中野 1997）。

(1) **輸出**：相手国に完成品や半製品を輸出する方式である。輸出には間接輸出と直接輸出がある。

① **間接輸出**：本国で輸出業務を行っている商社などの中間業者を利用する方式である。

メリットは，
 1．資源投入量が小さい。市場に関する情報収集や販売網確立など輸出のための販売投資が節約できる。外国市場を試すのによい戦略である。
 2．リスクがほとんどない。中間業者に販売し，輸出を商社等に行ってもらうのでリスク回避になる。

デメリットは，
 1．統制力が弱い。自社の製品の，参入国での販売方法に関して統制力をもたない。また適切な販売支援ができず，誤った価格決定や流通チャネルの選択が行われる可能性もある。中間業者が，適切でないマーケティング・ミックスを使うと，企業イメージやブランドイメージを損ねる可能性がある。
 2．経験ノウハウが蓄積しない。メーカーと現地の最終需要家の間に中間業者が介在するため，現地市場の市場情報やノウハウが蓄積できない。そのため，家電製品，自動車，精密機械，工作機械などアフターサービスが重要な企業にとって致命的な問題になる。

② **直接輸出**：本国の中間業者を利用せずに，メーカーが自社で輸出する方式である。

メリットは,
1. 間接輸出に比べマーケティングのイニシアティブをとれ,統制力が強い。
2. 積極的に販売ができ,現地のニーズを学習することができる。広告活動,流通チャネルの構築を通じて,現地市場に密着したマーケティング活動を展開できる。市場のフィードバックを入手することができる。
3. 直接投資よりも資源投入量が小さい。
4. 迅速で適切な対策が取れる。
5. 事前指導やメインテナンスなどのアフターサービスを実施しやすい。
6. 自社ブランドの浸透に適する。
7. 自社に海外ビジネスに関するノウハウが蓄積できる。
8. 当該市場に自社のネットワークを構築でき,顧客により接近できる。

デメリットは,
1. 資源投入量が間接輸出よりも大きい。
2. 貿易摩擦を引き起こす可能性がある。輸出が増えると輸出相手国の国際収支,企業業績,雇用機会に影響を与える。輸出相手国政府は国内産業の保護や国際収支の改善を理由に,関税の引き上げや輸入規制を実施する場合があり貿易摩擦を引き起こす可能性がある。
3. 外国市場での流通業者の識別と選択,船積書類の作成,保険,船積みなどのロジスティクスも自社でやらなくてはならない。
4. 輸出取引のリスクを自社で管理しなければならない。
5. 人的資源や資金面での負担が大きい。

(2) 契約:自社と相手国企業との間の株式所有を伴わない長期の提携方式である。契約にはライセンシングとフランチャイジングがある。

① ライセンシング:ある企業が他の企業に,ある一定期間,特許や発明や公式やデザイン,コピーライト,商標,技術ノウハウ等の無形資産に対するア

クセスを与える契約である。**ライセンサー**（実施許諾者）である会社がロイヤリティと交換に，**ライセンシー**（実施権者）である外国企業に所有資産の一部を提供する。

メリットは，
1. 資源投入量が小さい。ライセンシー側で現地オペレーションにかかる資金は調達されるためあまり資金がかからない。
2. 低リスクである。外国市場における政治的あるいは経済的不安定性にさらされることが少ない。
3. 迅速に市場参入ができる。
4. ライセンサーが輸入障壁を乗り越えることや，自社輸出が完全に閉鎖された市場にアクセスすることを可能にする。例えば，高い輸入税を避けるためにライセンシングを利用する場合がある。

デメリットは，
1. ライセンシーへの統制が及ばない。ライセンシーがライセンサーの製品あるいは技術に完全に責任をもたないかもしれない。ライセンシーの熱意不足がライセンシングされた製品の潜在売上を強く制限することになる。ライセンシング契約が商標を含む場合，ライセンシーによって取られる，誤った行動がその契約に含まれる商標の価値を低下させるリスクがある。したがって品質管理が必要である。
2. 各国のライセンシーの利益管理は各国ごとに行われており，全世界規模での調整には対応できない。
3. 競争業者が育成されるリスクがある。契約が修了すると，ライセンシーはそのライセンス期間中に自社が獲得したスキルを強化することができる。
4. 市場開拓に限界がある。

② **フランチャイジング**：**フランチャイザー**（本部）が**フランチャイジー**（加盟店）に社名，商標，技術などの使用を認めるだけでなく，マーケティング

や経営全般についても援助を与える方式である。

メリットは,
1. ゼロあるいはゼロに近い投資ですむ。最低限の投資で海外に拡大していくことにより，1つの優れた事業方式を資本化できる。
2. 低リスクである。権利保有者に対する政治的リスクは非常に少ない。
3. 迅速に市場参入ができる。
4. フランチャイジーの利益は彼らの努力に直接結びついており，フランチャイジーはやる気満々であることが多い。したがって，高い経営上の動機づけができる。
5. 現地知識や情報の蓄積ができる。現地フランチャイジーは現地の習慣や法律に外国企業よりも深く精通しているので，フランチャイザーは現地市場の現地フランチャイジーの経験を利用することができる。

デメリットは,
1. 品質管理が難しい。
2. 統制力が弱い。フランチャイジーの事業活動に対するフランチャイザーの統制が不可能である。
3. 競争業者が育成されるリスクがある。
4. 適当なフランチャイジーを発見することは多くの市場において困難である。

(3) **直接投資**：相手国に製造工場などを所有する様式である。これには，完全所有子会社と合弁事業の形態がある。

① **完全所有子会社**：海外現地に完全所有子会社をもち，そこで事業を行う。これには，一から自前でスタートする**グリーンフィールド型**と，現地企業を買収する**現地企業買収型**がある。

グリーンフィールド型の完全所有子会社のメリットは，
 1．誰からも干渉されずに，単独で完全に統制ができる。
 2．新技術が使える。
 3．文化的衝突のリスクがない。
 4．投資による収益を単独で得ることができる。
 5．親会社の経営理念，マーケティングや生産管理などのノウハウを子会社にスムーズに移転でき徹底させることができる。マーケティング，生産，調達面で思い通りに決定し，管理運営することができる。
 6．受入国政府が外国人投資家の欲望をそそるために提供する税免除期間などの優遇がある場合がある。

デメリットは，
 1．完全所有子会社を設立すると資金，人材，技術など多くの経営資源が必要である。
 2．多くの時間がかかる。したがって，新規事業を開発しても，時間の経過により，結果的に消費者のニーズに合致しないかもしれない。
 3．高い政治的・資金的リスクがある。海外市場ではリスクが多いが，それを単独で負担しなければならない。特に政治や動乱などの政治リスクや，為替暴落などの経済リスクが発生すると，企業は莫大な損失を被る。
 4．通常，子会社は親会社から統制を受けるので，それが現地の人たちのナショナリズムを刺激する。その結果，外国企業に対する批判や規制が生まれる。したがって，ナショナリズムの強い発展途上国では歓迎されない。

現地企業買収型の完全所有子会社のメリットは，
 1．完全に統制ができる。
 2．工場，流通チャネル，ブランド資産などの現地資産へのアクセスができる。
 3．多くの時間を投入する必要がない。
 4．経営資源を利用できる。新しく工業を建設したり，従業員を募集したり，

販売網を構築する必要はない。相手企業が優れた技術をもっていると，優れた技術を獲得できる。
5．当該市場でのシェアを拡大することができる。

デメリットは，
1．買収に多額のコストがかかる。
2．リスクが大きい。買収される企業には何らかの欠陥があるのが普通である。設備が老朽化していたり，財務体質が脆弱であったり，優秀な人材が揃っていないなどである。その建て直しに時間とコストがかかるかもしれない。また，買収コストに見合うだけの期待した利益が得られないかもしれない。
3．文化的衝突の恐れがある。双方の企業には独自の経営理念，経営方針，組織構造，経営管理システム，企業文化がある。買収企業の経営理念，経営方針，経営管理などを被買収企業に一方的に押し付けると，反発を招く恐れがある。
4．現地国文化への侵略のように受け取られ，ナショナリズムが高揚し，非常に強い非難や批判が起きるかもしれない。
5．買収候補の施設を徹底的に見直すことは，ゼロから事業を構築するよりも高くつくかもしれない。

② **合弁事業**：親会社と現地パートナーとの間で子会社の所有・統制力が共有される方式である。

メリットは，
1．経営資源や経営管理ノウハウを取得することができる。すなわち，現地パートナーから土地，原材料，工場，人材などの提供を受けるとともに，現地環境（文化，法律，政治など）に関する専門知識，流通ネットワークへのアクセス，供給業者や政府役人との人的接触，現地市場でのマーケティングの展開や人事管理上のノウハウなどを教えてもらえる。

2．高収益の潜在的可能性がある。
3．輸出やライセンシング，フランチャイズよりも強い統制力を有する。
4．リスクを分散できる。海外市場でリスクが発生したとき，それをパートナーと共同で負担できる。
5．パートナーが現地企業の場合，たとえ外国企業といえども，現地社会では仲間のようにみられ，ナショナリズムの高揚に伴う批判や規制を回避できたり，最小限に抑えることができる。
6．価値観や行動様式の異なる外国のパートナーと協働すると，コンフリクトが発生するときもあるが，大きな相乗効果が期待できる。

デメリットは，
1．投資収益が相対的に減少する。投資による収益はパートナーとの間で分配しなければならないので，単独事業の場合と比較すると，その額は少なくなる。
2．戦略，資源配分，移転価格，技術やブランドネーム，配当金の支払い，収益の再投資，原料や部品の調達などに関して，パートナーとの間で意見が対立し，共同経営に支障をきたすことがある。
3．統制力が希釈化したり喪失する恐れがある。合弁企業の場合，統制力は輸出よりも大きいが完全所有子会社よりも小さい。

8．製品，価格，流通チャネル，プロモーション

　参入様式が決まったら，参入市場における4P（製品，価格，流通チャネル，プロモーション）を検討する。4Pは，現地国の消費文化，商慣習，法的規制，流通システムなどに適合したものでなくてはならない。その際に，本国で展開しているマーケティング・ミックスを当該国へも全く同じように導入する**標準化**を採用するのか，それとも，現地市場のニーズやインフラストラクチャーに合わせた**適応化**にするのか，両社を合わせた**ハイブリッド型**にするのか検討する。

9. グローバル調整・統合

そして，決定した参入セグメントへ，マーケティングミックスを実行する。その後，価値連鎖のなかの他の活動（調達・生産・研究開発・販売・サービス）の国際配置・調整との連結，グローバル規模でのシナジーを達成するために国境を越えた経営の調整と統合，マーケティング諸活動の国際的調整（マーケティング活動を標準化 vs 現地適応化，国の間でのノウハウの交換，マーケティング業務の多国間統合，すべての国に共通な方法の適用）等の点で修正できるところは修正し，

図表 2 − 8　グローバル・マーケティングとローカル・マーケティング

```
                    経営理念・ビジョン
                           ↓
                      ドメインの策定                    グローバル・
                    ↙           ↘                    マーケティング →
         国別市場環境              自社能力
             分析                (経営資源分析)
                    ↘           ↙
                   国別ポートフォリオ
                   分析・戦略構築
                           ↓
                    市場参入様式決定
                    グローバル調整・統合  ← グローバル・マネジメント
    ─────────────────────────────────────
    ローカル・マーケティング
        ┌───────────────┐         ┌───────────────┐
        │ マーケティング計画  │ ←マーケ→ │ マーケティング計画  │
        │     A国        │  ティング │     B国       │
        └───────────────┘   移転   └───────────────┘
         ↓   ↓   ↓   ↓              ↓   ↓   ↓   ↓
        製品 価格 コミュ 流通          製品 価格 コミュ 流通
              ニケー チャネル                ニケー チャネル
              ション                       ション
```

（出所）三浦（2000）を修正して筆者作成。

グローバルな観点から統合・調整を行っていく。グローバル・マーケティングの重要概念はこのマーケティングのグローバルな配置と調整と統制（藤沢 2002：124）にある。

以上の関係をわかりやすく図にしたものが図表2－8である。

10．グローバル・マーケティングの3つの側面

グローバル・マーケティングには(1)海外市場参入，(2)海外でのローカル・マーケティング，(3)グローバル・マネジメントの3つの側面がある（Johansson (2000)）。この3つの側面をたえず分析視角に入れる必要がある。すなわち，

(1) 海外市場参入の局面では，どのような参入様式で海外市場へ参入するかである。

(2) 海外でのローカル・マーケティングの局面では，参入した海外市場で現地での顧客を標的市場として，その国の消費文化，商習慣，法的規制や流通システムなどの状況に適合するようなマーケティングを展開するかである。

(3) グローバル・マネジメントの局面では，グローバルなネットワークを統合しグローバル戦略を開発すること，すなわちマーケティング・マネジメントのグローバル化をいかに行うかである。マーケティング・マネジメントのグローバル化とは，各国で実施している4Pというマーケティング活動について，グローバルな観点から標準化，調整，統合を行うグローバル・マーケティングのマネジメントを行うこととそれを行う組織から成る。

簡単に言うと，グローバル・マーケティングは，外国市場への参入，現地のマーケティングとそれらの調整を内容とするものである。これはつまり，狭義のグローバル・マーケティングの前段階である，輸出マーケティングとマルチドメスティック・マーケティングを基礎とし，それに加えて，複数国にまたがるこれらの活動の配置と調整の活動であることを意味している（近藤 2004）。

【参考文献】

浅川和宏（2003）『グローバル経営入門』日本経済新聞社。
井原久光（2001）『ケースで学ぶマーケティング』ミネルヴァ書房。
小坂 恕（1997）『グローバル・マーケティング：世界市場での新たな成長の枠組み』国元書房。
小田部正明, クリスチアン・ヘルセン（2001）『グローバルビジネス戦略』横井義則監訳, 三浦俊彦他訳, 同文舘出版。
コトラー（1997）『マーケティング・マネジメント〔第7版〕：持続的成長の開発と戦略展開』（村田昭治監修, 小坂 恕, 三村優美子, 疋田 聰訳）プレジデント社。
近藤文男（2004）『日本企業の国際マーケティング』有斐閣。
竹田志郎・島田克美編著（1992）『国際経営論：日本企業のグローバル化と経営戦略』ミネルヴァ書房。
竹田志郎編著（1994）『国際経営論』中央経済社。
中野宏一（1997）『貿易マーケティングチャネル論〔第3版〕』白桃書房。
三浦俊彦（2000）「マーケティング・マネジメントの上位概念としてのグローバル・マーケティング：グローバル・マーケティングの概念規定に関する一考察」『中央大学企業研究所年報』(21)。
諸上茂登・藤沢武史（2003）『グローバル・マーケティング〔第2版〕』中央経済社。

第 3 章

グローバル企業の企業戦略
—— コニカミノルタの事例研究(1)※ ——

1. グローバル企業と新興市場

　第3〜4章ではコニカミノルタをグローバル企業の事例として取り上げ，新興市場のロシア・中東欧市場へどのようなグローバル・マーケティング戦略を取ったのかについて見ていくことにする。

　コニカミノルタは**グローバル企業**である。**グローバル企業**とは，国際競争戦略論では，世界レベルで調整された戦略を構築し事業活動を行っている企業をいう。コニカミノルタグループの売上高の輸出比率は7割にも及ぶ。同グループの利益の大半は，海外での販売による。

　同グループの主力商品は複写機，プリンタなどの情報機器である。これらの日本国内での販売高は競合他社に比べると必ずしも高いわけではない。とくに，複写機業界においては日本国内ではゼロックス，キヤノン，リコー3社で約80％の市場占有率を占めている。日本で高い市場占有率を確保していくことは難しい競争状況にある。そこで，海外での販売に活路を見出すことになる。海外市場のなかでも，近年注目されているのは新興市場である。

　新興市場とは，政治的な変化によって近年市場が対外開放された市場で，経済成長に伴い潜在需要が急速に拡大している国や地域を指す（Johansson 2000,

---

※　第3，4章作成にあたり，関西学院大学商学部非常勤講師　藤吉修忠先生，コニカミノルタホールディングス株式会社常務執行役兼コニカミノルタビジネステクノロジーズ株式会社常務取締役MFP販売本部長　山名昌衛様，コニカミノルタビジネステクノロジーズ株式会社MFP販売本部海外販売部長　牧　正様，コニカミノルタビジネステクノロジーズ株式会社MFP販売本部販売促進部欧州グループ長　竹野真佐樹様には取材に忍耐強くご協力いただき，貴重な資料もご提供いただきました。記して感謝申し上げます。

黄 2003）。

　新興市場に入るのは，ロシアや新たに民主化したハンガリー，チェコ，ポーランドなどの移行経済諸国，中国，インドや発展途上国などである。新興市場は，全国的な金融や流通等の市場インフラもあまり整備されていない。デフォルト（債務不履行）などのリスクが一般的にあり，市場の制度的インフラも未発達である。したがって，海外企業にとって異質性が大きくリスクのある市場である。新興市場は，世界経済の平均よりも高い経済成長を続けているが，本質的に不安定性を抱えている。

　そのようなリスクがあるにもかかわらず，日本企業はこれらの新興市場を有望な事業展開先国とみなしている。国際協力銀行による「わが国製造企業の海外事業，投資活動の現況および今後の展望を把握する目的」の2004年度の調査結果によると，中期的有望事業展開先国は，1位中国，2位タイ，3位インド，4位ベトナム，5位米国，6位ロシアとなっている。米国を除くといずれも新興市場である。同様に，長期的有望事業展開先では1位中国，2位インド，3位タイ，4位ベトナム，5位米国とロシアである。これも米国を除くといずれも新興市場である。

　新興市場はリスクが大きいが，日本企業にとっては魅力も今後の可能性も大きい。海外の新興市場のなかでもロシア・中東欧における市場戦略について分析を行うのは，中国市場に比べ，研究蓄積がほとんどないからである。

　本章では第4章でコニカミノルタのロシア・中東欧市場戦略の分析を行うに先立ち，まず，企業戦略について分析を行う。コニカミノルタがどのような経営理念とビジョンをもっているのか。何がドメインなのか。中核事業は何で業界内ポジショニングはどうなのか。コア・コンピタンスは何なのか。研究開発・調達・生産・販売の国際的配置についてはどのような戦略を取っているのかについて分析を行う。

2．経営理念とビジョン

　コニカミノルタの経営理念は「新しい価値の創造」である。これは何を意味

するのか。

　進化し続けるデジタル・ネットワーク社会を背景に，画像や映像などを活用する「イメージング」（画像）の世界はますます広がり続けている。そこで，イメージング（画像）の領域で顧客に新しい感動を創造できる革新的な企業を目指すこと。そして，高い技術と顧客への信頼によって世界で市場をリードするグローバル企業を目指すことを意味する。そうすることで，顧客に新たな価値を創造することが目標となっている。作る側の基準ではなく，顧客が進んで対価を支払う価値があるかどうか，顧客が認める価値があるかどうか，**顧客からみた価値**を創造するという意味である。

　同社は，**顧客の視点**に立った「**価値創造**」を第一義的に考え，オフィス情報機器を中心とした数々の製品開発やサービスの提供を行ってきた。経営理念や使命がすべての事業に共通している。

　同社の**ビジョン**（**将来構想**）は，「イメージングの領域で感動創造を与え続ける革新的（innovative）な企業，そして，高度な技術と信頼で，市場をリードするグローバル企業」になることにある。

3．ドメイン

　コニカミノルタの**ドメイン**は，①情報機器事業（多機能複写機，プリンタなど），②オプト事業（光学デバイス，電子材料など），③フォトイメージング事業（写真感光材料，デジタルカメラ，インクジェットメディアなど），④医療事業（デジタルX線画像読取装置など），⑤印刷事業（印刷用フィルムなど），⑥計測器事業（色計測，三次元計測機器など）の6つである。このうち，①情報機器事業が中核事業であり，②オプト事業が戦略事業である。

　コニカミノルタグループの事業ポートフォリオで**中核事業**と位置づけている情報機器事業は，コニカとミノルタの経営統合による**シナジー**が最も期待できる事業領域である。

　経営統合とは，2つの企業が今よりも大きな競争優位を共同で創出できるような資源や能力をもつことにより，比較的同等の立場でオペレーションを統合

することに同意する取引をいう。ミノルタのカラー複合機の画像処理技術や中低速複合機およびプリンタ事業で培ったコスト対応力とコニカの高速複合機で確立した高信頼性で従来よりも大きな競争優位を創出しようとしている。

　主力のオフィス分野でのカラー化，ネットワーク化という機を捉えたデジタルカラー複合機やカラーレーザープリンタなど今後大きな市場成長が期待できる分野に**経営資源**を集中し，ジャンルトップ（特定の市場，領域に経営資源を集中し，その中で**トップブランドの地位を確立する**）の獲得を目指している。

4．持株会社と分社化

　コニカミノルタは，**持株会社**「コニカミノルタホールディングス株式会社」の下に6つの事業会社を統括している。**持株会社**とは，傘下の会社の過半数あるいは支配に必要な割合の株式を保有している**親会社**のことである。別名，**ホールディング・カンパニー**（holding company）とも呼ばれる。**持株会社**はコニカミノルタグループの経営戦略の策定・推進，グループ経営の監査・管理を担い，グループ全体を統括している。傘下の6つの事業会社は完全に**子会社**として独立している。これを**分社化**という。

　分社化のメリットは以下の点にある。
1．子会社がそれぞれ利益責任をもつので単独で意思決定が可能である。
2．市場の変化に合わせ迅速な意思決定が可能である。
3．持株会社のトップは日常の業務的な意思決定から解放され，本来トップがなすべき企業全体の戦略に専念できる。各子会社の管理はすべて子会社社長の責任と権限で行える。

5．ポートフォリオ計画と戦略的事業単位（SBU）

　これらの分社化のデメリットを克服するために，コニカミノルタは**プロダクト・ポートフォリオ・マネジメント**（PPM：product portfolio management）を導入し，**戦略的事業単位**（SBU：strategic business unit）をマッピング（地図書き）している。

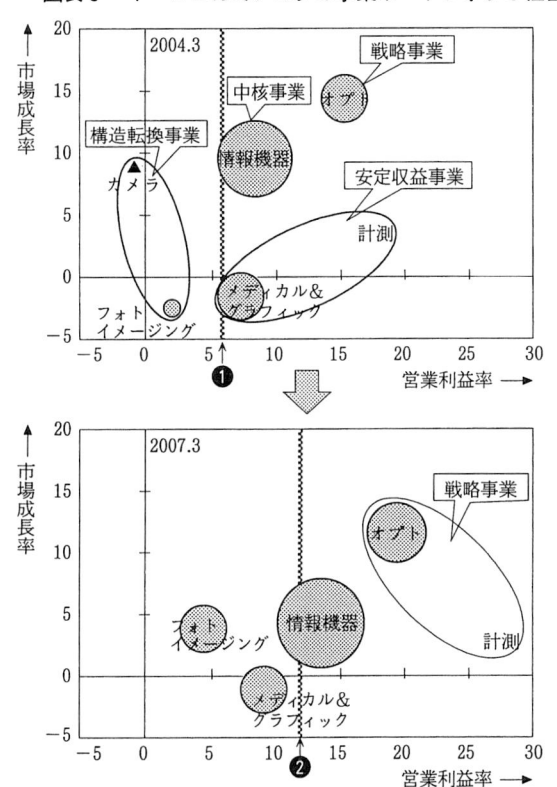

図表3－1　コニカミノルタの事業ポートフォリオ経営

❶ 2004.3　グループ営業利益率（6％）　❷ 2007.3　グループ営業利益率（12％）
（出所）コニカミノルタ・ホームページ（http://konicaminolta.jp/about/investors/pdf/report/all/.pdf）（2005年6月20日）を一部修正して作成。

　同社の**中核事業**は情報機器事業にあり，今後一層の収益拡大を図る戦略である。オプト事業は戦略事業として経営資源を集中させ，情報機器と並ぶグループ収益の源泉にする戦略である。フォト・カメラ，メディカル＆グラフィックはデジタル化，フィルムレス化に向けた事業展開を急ぎ収益の確保を図る戦略である。グループ全体としてみて中核事業の情報機器と将来有望なオプト事業に経営資源を集中させられる点がPPMの優れた点である。

6．中核事業と業界内ポジショニング

コニカミノルタの中核事業は複写機とプリンタなどの出力機器（IT）販売サービスである情報機器事業である。これを担当しているのはコニカミノルタビジネステクノロジーズ社である。

複写機は、主として「B（Business）to B（Business）」ビジネスが中心である。Businessとは事業者や企業を表す。このように、売り手が企業で買い手（標的市場）も企業である取引を「B to B」という。一方、プリンタは、「B to B」もあるがそのほかに、「B（Business）to C（Consumer）」においても事業展開がされている。Consumerとは消費者を表す。売り手が企業で買い手（標的市場）が消費者である取引を「B to C」という。

同社の情報機器事業とりわけ複合機における業界内における市場地位はどれくらいなのだろうか。

コニカとミノルタの経営統合によって、コニカミノルタは下位グループから抜け出した存在となった。だが、トップグループ（ゼロックス、キヤノン、リコー）とは格差がある。国内市場におけるトップグループの2003年度情報機器関連売上は同業界の80％を占め、コニカミノルタは10％で第4位である。このように数社で売上のほとんどを占める市場を**寡占市場**という。情報機器業界は、上位4社が売上のほとんどを独占する「**上位集中度が高い**」**市場構造**になっている。**市場構造**とは、ある特定の市場における競争状況を表す概念である。

カラー複合機市場においては、コニカミノルタは、日本での市場占有率は2002年4位（3.9％），2003年5位（2.2％），2004年5位（2.0％）である。アメリカでは2002年3位（10.8％），2003年3位（12.0％），2004年4位（12.7％）と日本市場よりも上位にある。ドイツでは2002年2位（18.3％），2003年1位（29.2％），2004年1位（23.4％）とさらに上位にある。ドイツでは**マーケット・リーダー**である。

モノクロ複合機（中高速機）では、日本では8.5％～13.9％の市場占有率で2002～2004年まで4位であるが、ドイツでは24.3％～30.3％の市場占有率で、マーケット・リーダーである。

コニカミノルタは，第2章の沼上（2000）の分類によると，日本市場では**チャレンジャー**である。それはなぜか。必ずしもフルラインでトップをねらっていない会社であるが，成長分野において独自の生存領域をもっており，シェアを拡大してリーダーに取って代わろうとする攻撃性をもっているからである。しかし，コトラーの分類法によれば，国内での市場占有率は10%であり，**ニッチャー**になる。

理論的に純粋なフォロワー，チャレンジャー，ニッチャーはおらず，おおよその点でだいたい分類できるということが大事であると沼上（2000）は述べている。

チャレンジャーの基本方針の第一番目は，主戦場を決めて資源の**集中投入**をすることである。あるセグメントで優位を確立したら，他のセグメントが次々と自然に将棋倒しのように自分の領地になっていってしまうような**決定的なセグメント**を選ばなくてはならない。

コニカミノルタは，(1)カラー複合機，(2)高速複合機，(3)カラーレーザープリンタなど付加価値の高い製品を主戦場として，資源の集中投入を行っている。高速複合機（MFP：Multi Function Peripheral）においては，日米欧の先進国市場でオフィスドキュメントのカラー化が加速しており，カラー機によるモノクロ機の置換えが一段と進んでいる。ゆえに，カラー機で優位を確立したら，他のセグメントが次々と将棋倒しのようになる決定的なセグメントである。これにより，カラー機と中高速機に経営資源を集中し，そのなかでトップブランドの地位を確立し，さらにマーケット・リーダーになろうと攻撃的な戦略をしかけている。

例えば，特に市場拡大が著しいカラーMFPについては，高いコストパフォーマンスと高画質・信頼性を備えた戦略商品「bizhub（ビズハブ）C350およびC450」を市場投入しメディア広告など積極的なプロモーションを展開している。

また，チャレンジャーはあらゆるセグメントに対応する**フル・カバレッジ**ではなく，若干狭めの市場をカバーする**セミ・フルカバレッジ**政策を取るのが定

石である。コニカミノルタも定石通り，消費者向けの小型機セグメントからは撤退しており，フル・カバレッジ政策はとっていない。そして，**主戦場**であるカラー機と中高速機においては，**アイテム（品目）の多い**，**ラインの奥行きが深い**戦略を採用している。そして，業界最高レベルを誇る重合法トナー技術で**模倣されにくい差別化**を行っている。

図表3－2　市場地位別企業の戦略定石

戦略の項目	リーダー	チャレンジャー	ニッチャー	フォロワー
目　　標	業界最大の利潤，No.1の名声の維持	トップ・シェアの奪取	高利益率，マイペースの成長，安定した売上	存続，したたかな成長
戦略の項目基本方針	市場全体の拡大，スキを作らない	差別化，先手必勝	生存空間全体の差別化	リーダー製品の安価な代替品を供給する
ターゲット市場の選択	フル・カバレッジ（すべてのセグメント）	①セミ・フルカバレッジ，決定的セグメントに焦点，②セミ・フルカバレッジ＆集中＆機動的展開	①速すぎない成長セグメントの選択，②狭いセグメントへの集中	経済性セグメント
4 Ps構築の基本方針	イノベーション，同質化	模倣されにくい差別化	狭いターゲットへ精密にフィット	徹底的なコスト・ダウン
①製品戦略（製品ライン）	フルライン	セミ・フルライン（主戦場で深いライン）	狭く深いライン	浅いライン
製品戦略（本質サービス）	業界平均より高品位		独自性	トップ・ブランドの1ランク落ち
②価格戦略	若干高め	4つのPのいずれか，あるいはすべてで差別化	高め	低め
③プロモーション戦略	積極的		ターゲット・媒体を絞り込む	抑える
④流通戦略	より広いチャネル（開放型）		より狭いチャネル	低価格志向の流通チャネルに集中

（出所）沼上（2000）第4章を修正して筆者作成。

7．コア・コンピタンス

コア・コンピタンス（core competence：中核的な能力）は，他社に真似のできない利益を顧客にもたらすことのできる，企業内部に秘められた固有のスキルや技術の集合体をいう。ハメル（Hamel, G.）とプラハラード（Prahalad, C.K.）がこのような企業の中核となる力をコア・コンピタンスと呼んだ。

(1) コニカミノルタのコア・コンピタンス

コニカミノルタの**コア・コンピタンス**は，重合法トナーにある。日本で最高水準の化学合成技術が実現した小粒径で大きさの揃った重合法トナーと卓越した電子写真技術が微細な線や小さな文字，写真やイラストのハーフトーンをより鮮明に再現し，独自のカラーマネジメントシステムと組み合わせることで，より高次元での高画質出力ができる。

(2) 重合法トナー

重合法トナーはカラープリントでの以下の優位性（特性とベネフィット）をもち，複合機，プリンタなどのカラー機において，差別化した商品となっている。

1. 小粒径であることで，高画質化（精細画像），低コスト化（消費量低減）になった。
2. 形状や大きさ，表面特性が均一であることで，画像が安定し，高画質，コントロールが容易になり低コスト化を実現した。
3. ワックス内包型でオイルレスにより，画質のギラツキ低減，書き込み性，機械の信頼性・寿命向上を実現した。
4. 低温定着により，紙のカールの少ない出力，準備待機時間の大幅短縮，ヒーター，冷却ファンなどの小型化，静音化，省電力化，コスト低減を実現した。

同社では，カラーの複写機・複合機・プリンタのすべてのセグメントの新製品に，独自に開発した「重合法トナー」を採用している。同社は「重合法トナー」をコアにした高画質のカラー複写機，カラー複合機・カラープリンタで独自の

生存領域を有する。

このためカラー複写機，カラー複合機・カラープリンタ分野という今後の成長分野において**深い製品ライン**を揃えている。深いというのは，同種の製品のアイテム数が多い，ということである。カラーにおいては，高速機から低速機まですべて生産している。

8．集中化戦略

同社の得意分野は (1)カラー複合機，(2)高速複合機，(3)カラーレーザープリンタの3分野である。この3分野に経営資源を集中して，そのなかでトップブランドの地位を確保する戦略を採用している。

図表3－3　ポーターM.E.の3つの基本戦略

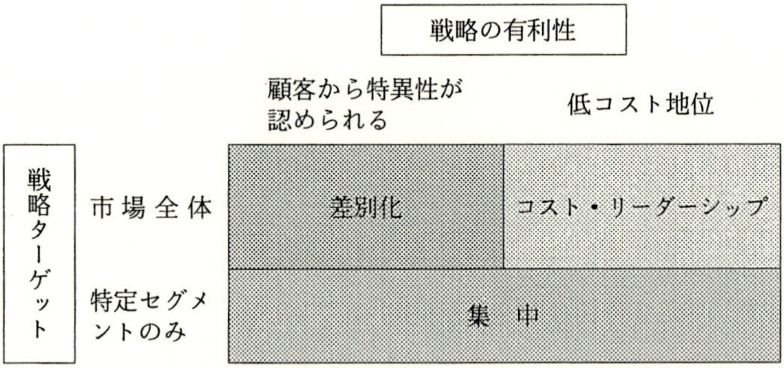

戦略ターゲット		戦略の有利性	
		顧客から特異性が認められる	低コスト地位
	市場全体	差別化	コスト・リーダーシップ
	特定セグメントのみ	集　中	

（出所）Porter（1980：邦訳61）。

ポーターの競争戦略論によると，競争戦略には，コスト・リーダーシップ戦略，差別化戦略と，集中化戦略がある（図表3－3）。競争戦略とは企業が他社に対して競争優位を獲得するための戦略である（Porter 1980：邦訳55～71）。

コスト・リーダーシップ戦略とは，低コスト製品を実現することによってライバル会社よりも優位な競争力をもちシェアの拡大を目指す戦略を指す。シェアの拡大により，さらに規模の効果が期待できる。このため，製品，部品の標準化，生産ラインの合理化，マーケティングへの投資が行われる。そして，低コスト戦略によって低価格製品を市場に投入し，シェアを拡大していく。

差別化戦略とは，コスト競争は避け，他社製品とは明らかに差別化された製品やサービスを提供することによって，競争を有利に導こうとする考え方である。

　集中化戦略とは，市場を地域に限定したり特殊な製品に絞ることによって，そこに経営資源を集中させることで競争優位を確立する戦略である。集中化戦略には，**市場細分化戦略**や**特化戦略**がある。

　市場細分化戦略とは，市場を細分化し，その市場ごとにニーズに合った製品やサービスを投入する戦略であり，あらゆるニーズに応える。トヨタのフルライン戦略が該当する。

　特化戦略とは，特定市場に経営資源を集中投入し，市場の一部で優位性を確立する戦略で，特定のニーズに応える。スズキの小型車への特化が例として挙げられる。

　コニカミノルタの戦略は**集中化戦略**である。あれもこれもの戦略では，トップ3に勝つことはできない。特定の分野に経営資源を集中し，そのなかでトップブランドの地位を確保する戦略である。しかも，(1)カラー複合機，(2)高速複合機，(3)カラーレーザープリンタの3分野にターゲット（標的市場）を絞り，そこへ経営資源を集中投入している。そして，すべての市場ニーズではなく，その3分野でトップブランドの地位を確保しようとしている。これは集中化戦略のなかでも**特化戦略**を採用しているといえる。

　これは換言すると「**選択と集中**」を上手く行っているといえる。「**選択と集中**」とは，商品や事業を絞り込み，絞り込んだ商品や事業を集中的に強化することによって競争力を向上させ，企業全体の収益を高める経営戦略を指す。

　コニカミノルタのカラー複合機の事業目標は，以下の2点にある。
(1) モノクロからカラー変換を積極的に推進し，業界シェアを大きく変革すること。
　　カラーの商品力とカラー業界でのトップのフルライン

(2) ソリューション商品の提供

入出力機器とソフトウェアの充実を図り,顧客に最適なドキュメントワークフローを提案。ドキュメントワークフローとは,文書の入力・印刷・蓄積にかかわる一連の流れを指す。

すなわち,第1に,自社の強い分野であるカラー複写機,カラープリンタの**商品力**とその分野での豊富な**品揃え**によって,モノクロからカラー変換を推進させることである。複写機やプリンタのあらゆるセグメント(部門)で,商品力や品揃えを追求するのではない。自社の強みである「カラー」に特化して商品力や品揃えで競争優位を得ようとしている点が「**特化戦略**」であり「**選択と集中**」である。

第2に,ソリューション商品の提供は,従来の商品やサービスを単なる"商品"ではなく,顧客のオフィス業務の問題点を解決する"ソリューション"として提供・提案していこうとするものである。だが,この戦略は競合他社も同様に掲げておりコニカミノルタだけが取っている戦略ではない。他社より秀でた,顧客が満足できるソリューションをいかに提供・提案できるかが差別化のカギとなる。

9. 戦略的提携

コニカミノルタは得意分野を見極め,**戦略的提携**(strategic alliance)などによって販売機会を拡大する戦略を立てている。**戦略的提携**とは,パートナー同士が互いに**競争優位**を築くために互いの**経営資源**や**能力**などを共有し継続的に**協調関係**に入ることを意味する(浅川 2003)。

戦略的提携には広義と狭義の意味がある。浅川は広義の意味で定義を行っている。広義の意味では,戦略的提携は,合弁やM&Aなど資本関係が伴う場合,**契約関係のみの場合**の両方を含むという考えである。狭義では,**資本関係**ではなく,高度に戦略的観点による**契約関係**に基づくものであるという考えである。本書では狭義の意味で「**戦略的提携**」という用語を用いる。

戦略的提携のメリットはどこにあるのであろうか（浅川 2003）。
1．相手のもつ新規市場や事業セグメントに参入が可能である。
2．相手のもつ地域へ参入が可能である。
3．相手企業のマーケティングチャネルにおいても販売を行うので販売高が増加し，**規模の経済性**が活用できる。
4．自社製品の生産ラインにギャップ（穴）が出た場合，相手製品を生産することで有効に生産ラインを使用できる。
5．相手との共同研究開発などを通じた相互学習を通じて，入手しにくい知識や技術を獲得し，新たな競争優位の構築を行える。
6．自社にない経営資源を相手から確保・補填できる。その相乗効果による新たな価値創造を実現することができる。
7．競争相手や補完的製品・サービスの提供者と組むことにより，クリティカル・マス（臨界量）を確保できる。それにより，**ネットワーク効果**や**業界標準**の構築が可能になる。**ネットワーク効果**とはネットワークに参加するメンバーが増えれば増えるほど，参加メンバーにとっての効用が増えることをいう。**業界標準**（デファクトスタンダード）とは，国際機関や標準化団体による公的な標準ではなく，市場の実勢によって事実上の標準とみなされるようになった規格・製品のことを指す。家庭用ビデオにおけるVHS，パソコン向けOSにおけるWindowsなどが例である。

●コニカミノルタの戦略的提携

コニカミノルタはどのような戦略的提携を行っているのだろうか。

同社は有力**OEM顧客**と**戦略的提携**によって事業機会を拡大している。OEMとは，Original Equipment Manufacturing のことで，相手先ブランドによる受託生産のことである。

高い収益性が期待できる高速機では，自社のチャネルを通じての販売活動に加え，ヒューレット・パッカード社（米国）など世界の有力IT企業との戦略的提携を積極的に展開し販売拡大に取り組んでいる。ヒューレット・パッカード

社へは，高速出力を可能にしたモノクロMFPのOEM供給をしており，重合法トナーなどの消耗資材とともにヒューレット・パッカード社を通じた事業機会を拡大している。

この戦略の狙いは，相手企業のマーケティングチャネルにおいても販売を行うので販売高が増加し，規模の経済性を活用できる点にある。

10．研究開発・調達・生産・販売の国際的配置

グローバル企業は，第2章で論じたように，製品の販売，原材料，労働力や資金の調達を世界中に求め，地球規模の視野で**生産拠点**，**研究開発拠点**，**販売拠点**，資金調達拠点を配置し，調整・統合の経営を行っている。研究開発，調達，生産，マーケティング諸活動（宣伝，販売促進，チャネル構築，アフターサービス，マーケティング・リサーチ等）の国際的配置を世界のどこで行うべきかを決める。本社か，地域統括会社集中か，あるいは国別子会社分散かである。

(1) 研究開発

グローバル・マーケティングでは，**研究開発**は当該技術の進んだ国で行われる。コニカミノルタの研究開発は日本で行っている。電子写真技術が日本がトップであるからだと山名常務は述べている。また，**顧客対応型のソフト開発部隊**も日本に集約している。これにより市場要望に適応できるよう，拠点分散による重複を排除し開発パワーの効率・スピードアップが可能になっている。

一方，必要なものを，必要なときに，必要なだけ印刷するPOD（プリント・オン・デマンド）事業強化のために，ユーザーごとに異なるアプリケーション（応用ソフトウェア）にきめ細かく対応できるソフトの開発体制も構築している。これは各国のユーザーごとに求めるアプリケーションが異なるため，国別で行っている。

(2) 生産・調達

生産・調達は**コスト優位**の国で行われる。コニカミノルタの複写機製品群の

調達は中国やアジア諸国など世界最適地から行われている。生産は日本の他に，競争力のある製品を生産しコストを削減するために，中国を中心に行われている。消耗品は，米国用は米国の生産子会社，欧州向けはフランスにある生産子会社，日本向けは日本にある生産子会社，アジア向けは中国・香港にある生産子会社で行われている。

(3) マーケティング

このように研究開発と生産拠点が世界規模で適材適所に配置され，それを背景に各現地で**マーケティング**が展開される。

マーケティング諸活動はコニカミノルタでは，重要案件につき国別子会社が提案し本社が決定する仕組みになっている。同社は，全製品を自社ブランドで販売できるワールドワイドな販売体制，量販店・事務機系ディーラー・IT系ディーラー・PODなど幅広い販売チャネルを確立している。

そして，**直販体制**，すなわち，メーカーが流通機構を経ないで直接に消費者に販売する体制を充実・強化させている。

つまり，研究開発・調達・生産・販売各部門が部門最適を目指しているのではない。また，情報機器，オプト，計測，メディカル＆グラフィック，カメラ，フォトイメージングというそれぞれの事業を行っている子会社の経営の最適を目指しているわけでもない。持株会社としての**連結経営**において**全体最適**を目指している点が重要である。

11．むすび

本章では，グローバル企業の事例研究として，海外での売上が7割を占めるコニカミノルタグループの中核企業「コニカミノルタビジネステクノロジーズ株式会社」を取り上げ，自社能力と経営戦略，および価値連鎖のなかの諸活動の国際的配置と調整について分析を行った。

　1．コニカミノルタのコア・コンピタンスは，日本で最高水準といえる化学
　　合成技術が実現した重合法トナーとこれを生かせる電子写真（画像処理）

技術にある。この2つにより，複合機，プリンタの特にカラー領域において，高精彩な画像出力が可能となり他社との差別化要因となっている。

2．コニカミノルタは日本市場ではチャレンジャーである。市場細分化戦略により，コア・コンピタンスを生かせるモノクロ高速MFP，カラーMFP，カラーレーザープリンタにターゲットを絞った集中化戦略を採用している。それらへ経営資源を集中し，それらの市場でトップブランドの地位を確立することを目指している。

3．グローバル規模でのシナジー効果を達成するために，生産は中国，研究開発は日本，調達は世界，販売は各国ごとで行っている。これは世界規模で，生産，研究開発，調達，販売の最適化を考えた結果である。こうして，価値連鎖における国際配置・調整との連結のなかで，国境を越えた経営の調整と統合を行っている。

4．しかし，筆者は，製品群の生産を中国一国に配置するのは不確実性が高いと考える。中国でストライキや天災が発生すると，世界へ出荷する製品の生産がすべて停止してしまう。中国で生産を集中させればコスト追求にはなるかもしれない。しかし，グローバル企業としては，不確実性への対応が求められる。そのためには，生産拠点は一地域だけに偏ることなく配置することがリスクマネージメント上，必要と考える。

5．マーケティングの4Pで特に世界的に原則的に共通しているのは直接販売である。同社は，全製品を自社ブランドで販売できるワールドワイドな販売体制，量販店・事務機系ディーラー・IT系ディーラー・PODなど幅広い販売チャネルを確立している。とりわけ直販体制を充実・強化させている。これによって，顧客満足度を追求しロイヤルな顧客獲得を目指している。

【参考文献】

Johansson, J.K. (2000) *Global marketing:foreign entry, local marketing and global management* 2nd ed., Boston, Irwin/McGraw-Hill.

浅川和宏（2003）『グローバル経営入門』日本経済新聞社。

井原久光（2001）『ケースで学ぶマーケティング』ミネルヴァ書房。

黄　燐（2003）『新興市場戦略論：グローバル・ネットワークとマーケティング・イノベーション』千倉書房。

コトラー（1997）『マーケティングマネジメント〔第7版〕：持続的成長の開発と戦略展開』（村田昭治監修, 小坂　恕, 三村優美子, 疋田　聰訳）プレジデント社。

沼上　幹（2000）『わかりやすいマーケティング戦略』有斐閣。

ハメル G. & C. K. プラハラード（1995）『コア・コンピタンス経営：大競争時代を勝ち抜く戦略』（一條和生訳）日本経済新聞社。

諸上茂登・藤沢武史（1997）『グローバル・マーケティング』中央経済社。

第4章

ロシア・中東欧市場戦略
—— コニカミノルタの事例研究(2) ——

1. ロシア・中東欧諸国における市場占有率と売上台数の変化

　ハンガリー，ポーランド，チェコ，ロシアはいずれも新興市場である。しかし，マクロ経済の指標において前者3カ国（中東欧諸国）とロシアでは大きな差がある。

　ハンガリー，ポーランド，チェコは，1989年市場経済に移行後，体制転換の時期の混乱を比較的早い時期に脱し，経済状況の改善を図ってきた。それは主としてEU向けの輸出の拡大と外国企業からの直接投資の増加によるものである。

　ポーランドは91年を底として，92年にはGDPは増加し始め，96年には98年の水準を超えた。ハンガリーは93年を底として，94年に回復し始め，2000年に89年水準を超えた。チェコは，93年を底として96年まで急速に回復し，その後再度不況を経験した。2002年時点で1人あたりGDPは89年水準を回復していないが，それでもロシアよりははるかに良い（小山 2004）。

　一方，ロシアは1989年を100とすると1998年の金融危機を底として以降増加に転じたが，2002年でいまだ1989年レベルの70％にとどまる。

　このようなマクロ経済を背景に，ロシア・中東欧諸国におけるコニカミノルタのオフィス用複合機（以降MFP）の市場占有率や売上台数は，どのように変化してきたのであろうか。

　ハンガリーにおいては，モノクロMFP市場において台数ベースで1996年の9.1％から2003年には22.5％へとシェアを増加させた。カラーMFPでは1996年8.9％から毎年シェアを増加させ2002年には24.9％のシェアに達した（図表4－1）。

図表 4 － 1　ハンガリーにおける複合機の市場規模とコニカミノルタシェア（台数ベース）

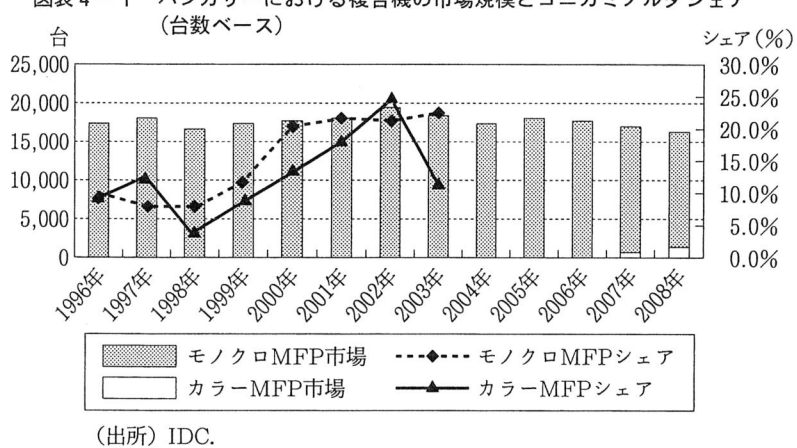

(出所) IDC.

ポーランドにおいてはモノクロ・カラー合計の MFP 台数ベースで1996年の6.4％から2003年には15.6％へと大幅に増加している（図表 4 － 2）。

図表 4 － 2　ポーランドにおける複合機の市場規模とコニカミノルタシェア（台数ベース）

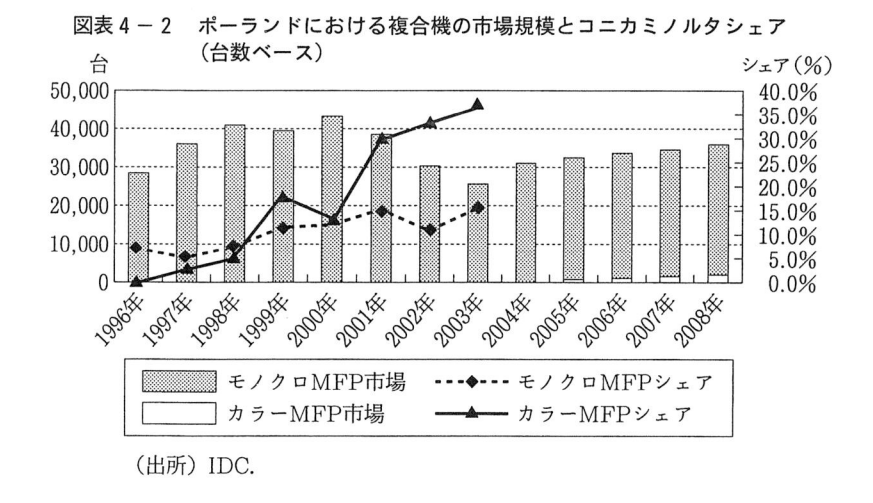

(出所) IDC.

チェコにおいてはモノクロ・カラー合計の MFP の台数ベースで1996年にすでに31.8％のシェアがあり，以降ほぼ30％以上のシェアを堅持している（図表 4 － 3）。

図表4-3　チェコにおける複合機の市場規模とコニカミノルタシェア（台数ベース）

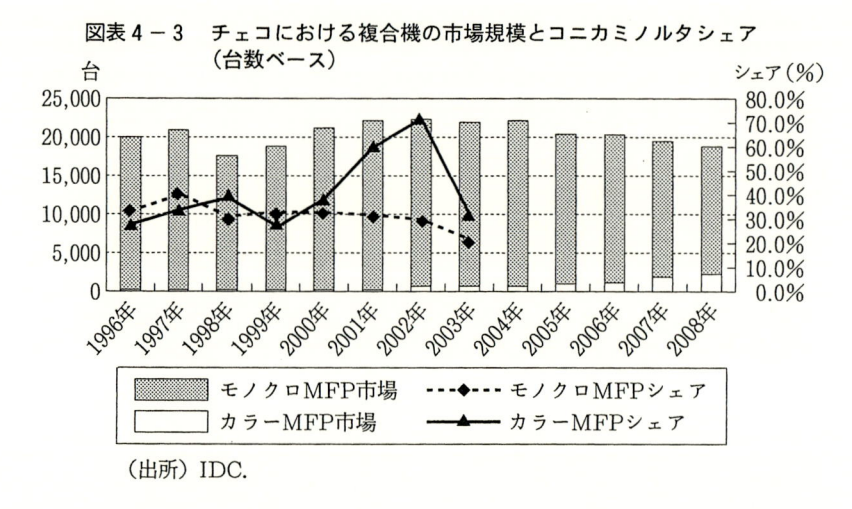

（出所）IDC.

ロシアにおいてはIDCのデータによると，1995年の参入以降，金融危機を除き，毎年販売台数を増加させてきた。市場占有率もモノクロMFPにおいて1996年の1.1％から除々にシェアを上げてきており，2003年では3.1％にまで増加した。このうち，カラーMFPについては1999年（0.5％）から売れ出し，2003年で4.8％と増加している（図表4-4）。

図表4-4　ロシアにおける複合機の市場規模とコニカミノルタシェア（台数ベース）

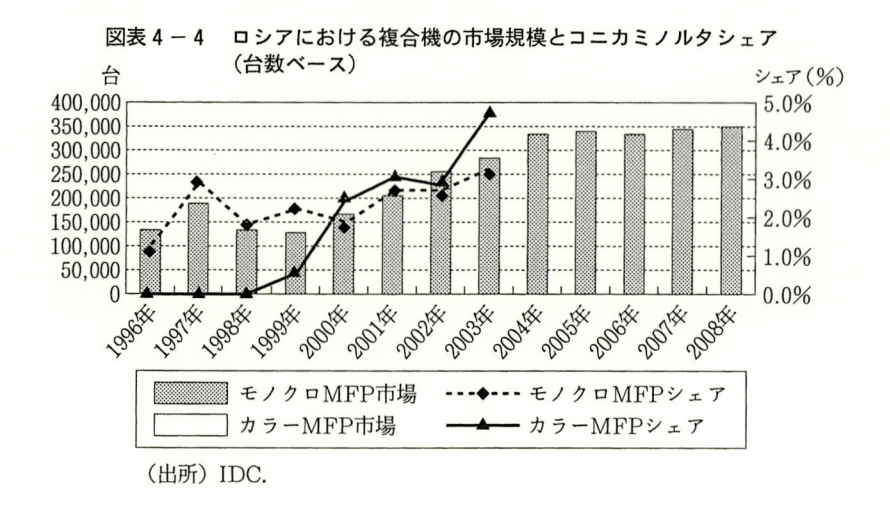

（出所）IDC.

第4章 ロシア・中東欧市場戦略 ●——— 67

金額ベースでも同様にシェアを増加させている。1996年にはモノクロMFP市場で2.0％であったが，2003年には5.6％にまで増加した。カラーMFP市場においては1999年0.6％から2003年3.8％にまで増加している（図表4－5）。

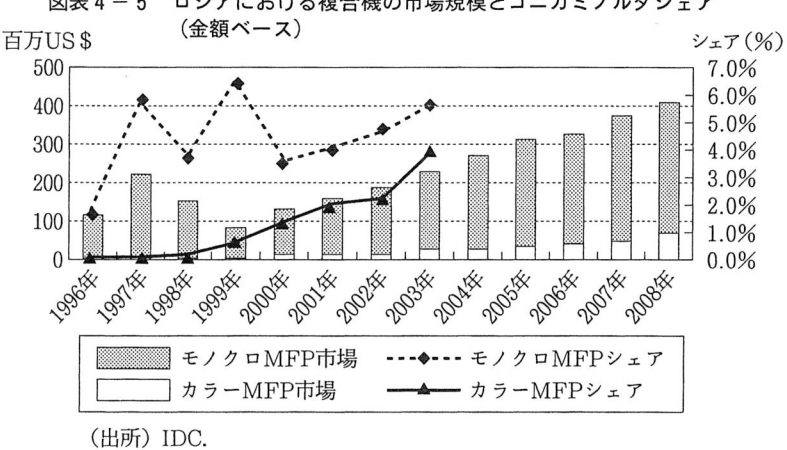

図表4－5　ロシアにおける複合機の市場規模とコニカミノルタシェア（金額ベース）

百万US＄／シェア（％）

- モノクロMFP市場
- カラーMFP市場
- ----◆---- モノクロMFPシェア
- ——▲—— カラーMFPシェア

（出所）IDC．

　日本市場におけるコニカミノルタの市場占有率は約10％であるので，コニカミノルタはハンガリー，ポーランド，チェコいずれの市場でも大成功とみなしている。ロシア市場においても同社の市場占有率は少ないものの年々売上高を増加させてきており，順調に輸出が増加してきているとみなしている。
　しかしながら，中東欧諸国での市場占有率と比較するとロシアのそれはまだ少ない。
　本章では，ロシア市場において，すでにゼロックス，キヤノン，リコーなど複写機業界でマーケット・リーダーやチャレンジャーにある企業が早期参入し市場拡張していた頃に，後発であるコニカミノルタが，どのような戦略で参入したのか。その後，どのようにして市場拡張を行い，シェアを増加させていったのか。大きな市場占有率を取った中東欧諸国における戦略とロシア戦略はどのような点で異なっていたのか。中東欧諸国におけるコニカミノルタの戦略のどの面が優れていたのかについて分析・考察を行う。

2．ロシア参入段階のマーケティング戦略
2－1　これまでのロシアの複写機市場

　社会主義政権下のソ連では，自由な情報の流通は禁止され，複写機や印刷機が容易に国内に出回ることはなかった。このため，複写機の普及は非常に遅れていた。政治的な出版物やコンピュータや複写機，ビデオなどは規制が厳しかった。あらゆる複写技術は国家によって厳しく統制され，1980年代末までは複写機の輸入は国家によって統制されていた。禁止された複製を防ぐためにすべての複写機には護衛がつけられていた。こうしたソ連における情報統制は政治的な動機から行われていた。

　ゴルバチョフ政権は，情報公開の遅れが経済や技術情報のフローの遅滞や率直な意見交換を妨げ，経済発展に否定的に作用してしまうことを認めた。そして，ペレストロイカ（再建）やグラースノスチ（情報公開）を推進した。1980年代後半に，出版物やコピーに対する規制を緩和し，複写機に対する国家規制を廃止した。検閲も全面的に撤廃され，ソ連時代は発禁されていた図書の出版もできるようになった。これによって，複写機需要は飛躍的に伸びた。

　ロシアへ最初に参入したのはゼロックスである。ゼロックスは1974年に600万ドルを投資し，モスクワに駐在員事務所を開設した。それ以降1980年代までソ連邦共産党中央委員会，KGB（国家保安委員会），国防省へ複写機を供給する唯一のサプライヤーであり続け，ソ連の複写機市場を独占してきた。

　1980年代末に正式に複写機に対する国家統制が取り除かれ，1991年11月のロシア・ソビエト連邦社会主義共和国の大統領令によるロシアにおける貿易の自由化を契機に，キヤノンやリコーをはじめとする日本の複写機主要メーカーがロシア市場へ本格的に輸出を始めた。

　コニカミノルタ経営統合以前のミノルタが，欧州販社経由でロシアへ輸出を始めたのが1980年代の終盤で，日本から本格的に輸出を開始したのは1996年であった。したがって，ゼロックス，キヤノンやリコーなどの競合他社に比べると遅い参入であった。

2-2 参入当初の市場構造

参入当初の1996年頃のロシア市場は個人・家庭用小型複写機が市場の3分の2を占め，キヤノンのミニコピアなどの小型機が爆発的に売れていた。したがって**市場構造**も，小型機を含めた台数ベースにおいて，キヤノンが40〜50%のシェアを占めていた（図表4-6）。2位以下も小型機を販売しており，ゼロックス以下，ロシアのエム・ビー社（以下MB），日本のシャープ，東芝，リコー，ミタなど日本各社が参入していた。ロシアの複写機市場はこのように10に満たないメーカーが売上のほとんどを占める**寡占市場**であった。さらに，小型機を販売していたキヤノン，ゼロックス，シャープで市場の約85%を占めており，**上位集中度**が高い市場であった。上位集中度が高い市場においては，下位メーカーが事業を挽回するチャンスはほとんどないといわれている。このような激しい競争状況下で，小型機を販売していないミノルタはどのようなマーケティング戦略でロシア市場に参入していったのか。

図表4-6 ロシアにおける複写機販売台数と市場占有率

会社名	1996年	1997年	1998年
キヤノン	55,479 (41.4%)	96,645 (51.2%)	65,661 (51.3%)
ゼロックス	30,823 (23.0%)	34,627 (18.4%)	19,069 (14.9%)
シャープ	28,572 (21.3%)	24,499 (13.0%)	13,128 (10.3%)
MB	5,977 (4.5%)	9,755 (5.2%)	9,236 (7.2%)
東芝	4,800 (3.6%)	5,870 (3.1%)	3,667 (2.9%)
リコー	3,225 (2.4%)	5,971 (3.2%)	5,598 (4.4%)
ミタ	0 (0%)	5,248 (2.8%)	6,489 (5.1%)
その他	5,152 (3.8%)	6,063 (3.2%)	5,139 (4.0%)
総計	134,028 (100.0%)	188,678 (100.0%)	127,987 (100.0%)

注：単位は台数，括弧内は市場占有率。
（出所）モスクワのマーケティング会社の調査による（日本の複写機メーカーの提供資料）。

2－3　参入形態

　ミノルタは，日本の総合商社「丸紅」を通して1996年4月に輸出を開始した。いわゆる**間接輸出**である。**間接輸出**とは商社経由の輸出を意味する。その後，ロシアの通貨危機を経て2000年11月より欧州統括本部に移し，自社でロシアへの輸出を開始した。日本のメーカーの輸出には，このように，商社経由の**間接輸出**を経て，メーカーによる**直接輸出**へ移行する場合が多い。

　複写機のような高技術製品の間接輸出はさまざまな問題がある。

　間接輸出のマーケティング上のデメリットは，吉原（1992）によると，以下の点が指摘できる。

(1) メーカーと最終需要家の間に商社が介在するため，メーカーはユーザーのニーズをつかみにくい。

(2) メーカーはユーザーへの差別化マーケティング（広告宣伝，販売店助成，価格破壊など）を実施しにくい。

(3) メーカーはユーザーへのアフターサービスや技術サービスを実施しにくい。

(4) メーカーと最終需要家の間に商社が介在するため，最終需要家からの情報がフィードバックされにくい。またメーカーから最終需要家へ情報が流れにくい。

　繊維，化学，鉄鋼など非差別化の中位技術製品の場合には，差別化マーケティングや技術サービスなどをあまり行わなくてもよいので，情報のフィードバックなどの必要性は強くない。これに対し，電機，自動車，機械，複写機などを輸出する場合には，差別化マーケティングや技術サービスが不可欠である。したがって，メーカーと最終需要家の間に効率的な情報の流れをつくりあげなければならない。

　ミノルタも同様の理由で，直接輸出へと移行したのである。

2－4　参入時のマーケティング戦略

　ミノルタはどのようなマーケティングの4P戦略で参入したのだろう。

(1) 製品戦略

① フルライン投入戦略

ミノルタは，複写機の**フルライン**を投入した。**フルライン**とは，小型機から大型機まであらゆるカテゴリーを揃えていることを指す。

そのなかでよく売れたのが低中速機であった。低中速機とは1分間に15〜30，40枚程度のコピーができる複写機である。

フルラインの投入は「**範囲の経済性**」を享受することができる。

範囲の経済性（economies of scope）とは，異なる製品を同時に扱うことで得られる経済的な効果をいう。例えば，原材料などの大量購入，全国的規模での広告，研究開発の効率化，共通に使える機械・設備・マーケティング・チャネル網・顧客情報がある場合，経営資産を節約できる。多様な製品ラインを導入しても，共通の販売ルートの採用などで**範囲の経済性**を発揮できるのである。

② 世界的標準化製品

投入した製品は**世界的標準化製品**である。**世界的標準化製品**とは世界共通に販売できる標準モデルである。別な言い方で「**グローバル製品**」という。これはすべての国を対象に標準化された製品を意味する。その結果，ローエンド（低級，低価格）の市場セグメントがよく売れた。

グローバル製品の投入は，既存の知覚イメージが変わらないうえ，コスト削減になるというメリットがあった。

(2) 価格戦略

市場別差別価格

価格は，需要条件や競争条件を十分に考慮に入れた市場志向型の市場別差別価格で参入した。**市場別差別価格**とは，市場の**需要の価格弾力性**の違いに着目し，各市場ごとに最大利潤を得る価格を指す。決して，低価格訴求の「コスト・リーダーシップ戦略」を採用したわけではない。**需要の価格弾力性**とは，ある商品の価格が1％変化するときその商品の需要量は何％変化するかを示す尺度である。

(3) 流通チャネル戦略

① 選択的初期市場集中戦略

参入当初は首都モスクワ市に需要が集中していた。このため，初めにモスクワ市場を中心として集中した「**選択的初期市場集中戦略**」を採用した。ミノルタは，数社のディストリビューターを任命することにより売上を伸ばすことができた。海外において販売チャネルの構築は最も時間がかかり困難な仕事である。販売チャネルの構築は，確実な販売と在庫リスクの軽減のために重要であった。

ディストリビューターとは**販売店**や**販売業者**を指す。ディストリビューターは，独立した当事者として，自己の勘定でメーカーから製品の購入を行う。製品の所有権はメーカーからディストリビューターへ移転する。これに伴い，ディストリビューターからメーカーへ代金の支払いが行われる（唐澤 1996，北川・柏木 1999）。ロシアにおいてはディストリビューターは卸売のみならず，卸売と小売を兼任している場合がある。

② 閉鎖型チャネル政策

販売からサービスの連携と一貫性を重視し，閉鎖型チャネル政策を採用した。**閉鎖型チャネル政策**は，流通業者を特定化し狭い範囲の小売店に製品を流す政策である。複写機のようなブランド・イメージの維持に適しているディストリビューターに限定した。

(4) プロモーション戦略

プロモーション手段には，①営業マンによる販売活動，②広告，③パブリシティ（広報活動），④販売促進（セールス・プロモーション）がある。

複写機を自分の家で使う目的で購入すれば消費財だが，企業が買えば生産財である。生産財は，営業マンによる人的販売の比重が高い。**生産財**とは一般的には加工を要する中間財を指すが，事業目的のために購入する品も含む。消費財と生産財では，消費財の方が広告効果が高い。生産財は営業マンによる専門

第4章　ロシア・中東欧市場戦略　●───── 73

的アドバイスやターゲット・ユーザーを絞ったプロモーション活動が有効である。

　ミノルタの複写機は企業が購入していたので生産財である。したがって，ディストリビューターを営業マンにし専門的なアドバイスを行わせた。

●ディストリビューターの教育支援

　ミノルタはサービスを競争優位にしていた。したがって，メインテナンスやアフターサービスが重要な戦略であった。同社は，複写機のメインテナンスやアフターサービスに力を注ぎ，ディストリビューターにもこの面での努力と関心を払うよう指導して万全な顧客サービスの体制を確立していった。

　同社は欧州統括本部のマーケティング・サービス部門を通じ，ロシア東欧諸国のマーケティングやサービス教育を行うとともにアフターサービスの重要性を強調するために，ディストリビューターのサービスマンの訓練，商品保証提供，修理サービス支援・補修部品供給体制の確立に積極的に投資していった。

　同社は，ディストリビューターに対してセールス・ツール（カタログ・ビデオ等）の提供も行った。ほかにも陳列用具提供，店舗設計，ショーウィンドウ設計の支援を行った。

3．現地市場拡張段階のマーケティング戦略

　1998年にロシアで金融危機が発生し，売上が落ち込んだ。その後徐々に回復し，2001年に欧州統括本部のモスクワ駐在員事務所（Moscow Representative Office）を設置し，現地市場の拡大に本格的に着手した。

3－1　市場規模と市場成長率

　2001年以降のロシアの**市場規模**と**市場成長率**はどの程度であったのか。

　マーケティング調査会社，IDCのデータによると，ロシアの複写機市場は1999年から2001年にかけて急成長した。これは1998年の経済危機以降マクロ経済が好転したことにより加速したものである。2000年のプーチン大統領の就任

により政治・経済が安定し，原油価格の高騰による恩恵もあった。

ロシアのオフィス用複写機の市場規模は金融危機翌年の1999年に約13万台まで落ち込んだものの，その後順調に販売台数を伸ばした。2001年で約20万台，2003年で約28万台まで到達している（図表4－4参照）。

日本におけるオフィス用複写機市場が約70万台，ドイツのそれが25万台であることから，ロシアの市場規模は非常に大きい。だが，前述の如くロシアの複写機市場は約3分の2が個人・家庭用複写機で占められている。このような遅れた市場はコニカミノルタが輸出を行っている世界の市場のなかではロシアとウクライナだけであるという。コニカミノルタがターゲットとするオフィス用複写機は，ロシアにおける全設置複写機の3分の1でしかない。

同社は個人・家庭用複写機はターゲットとはせず，十数年前に製造販売を中止している。

カラー複合機の市場規模は1999年の365台から順調に販売台数を伸ばし2001年683台，2003年のロシアのオフィス用複写機の市場規模は約1,300台である。

3－2　市場拡張段階のマーケティング戦略

(1)　製品戦略

ロシア市場に足場を築いたコニカミノルタは，より広い市場に浸透しそれを制覇するために，低級セグメントから次第に高付加価値セグメントという上方に移行させる戦略を取った。主たるターゲットは中級セグメントを選好する企業であった。そして，2004年には高級セグメントの「bizhub」ブランドを投入している。これは，高速・高画質モノクロおよびフルカラー・ネットワーク複合機である。

ディスプレイは顧客満足を高めるためロシア語表示も加えた。その意味では，標準化戦略に少し現地適応化の側面を付加したといえる。

① CS（顧客満足）の追求―サービス

どのようにしてコニカミノルタは販売台数を増加させていったのであろうか。同社はモノクロ複合機において，CS（Customer Satisfaction：顧客満足）を追

求し，顧客を獲得していった。「製品を売るのではなく，**ソリューション**（問題解決）を売る」といわれるように，どれだけの**サービス**が付加されるのかが購入に際しての重要な動機の1つとなっている。顧客はこれまで以上に製品をサービスを含めた1つの価値のパッケージとして捉えている。

　コニカミノルタは，ロシアにおいても，ネットワークのソリューションにおいて，顧客が求めるものを提案していった。例えばロシアにおいても，法律事務所や会計事務所ではアプリケーション（基幹ソフトをはじめとするさまざまなソフトウェア）が異なる。さらにそれぞれの地域の特性を満たす必要がある。それを顧客が満足するようなソリューションを現地で開発し，提供していった。こうして，顧客満足を目指すカスタマイズアプリケーションを実現してきた。**カスタマイズ**とは，コンピュータでアプリケーションソフトの操作方法やいろいろな設定値を利用者が使いやすいように変えることをいう。そして，顧客のニーズに合った商品開発を進めたのである。こうして，ネットワークシステム全体の構築・運用・保守からネットワークインフラの設計・施工まで柔軟で安定したシステムを構築してきた。

　このようにして，同社は，製品そのものの魅力に加え，保証，ソリューション，**アフターサービス**などを中心としたさまざまな工夫を通じて顧客を取り込んでいった。

　しかし，これらはいずれもディストリビューターを通しての実現であった。したがってサービスの点では直接販売ではないため，限界があった。

　② 模造困難なトナー
　製品価値の創造という活動は，研究開発や生産ではなく，販売や販売後の顧客の**利用経験**に重点を移行しつつある。まずコニカミノルタの複写機を利用してもらわなければ，その価値を理解してもらえない。それゆえ，できるだけ多くの企業に利用してもらえるような仕組みづくりが重要であった。複写機そのものによる販売ではなく，**その利用**，すなわち，トナーなどの消耗品から収益を上げる仕組みを構築している。

消耗品は，粗利益率が高く，大量生産品である。複写機やプリンタの販売増に伴い，消耗品を自社独自の規格として利益率を高くするやり方は，事務機業界に共通するものである。ところがロシアではトナーなどの消耗品の模造品が大量に流通しており，競合他社は消耗品から利益を上げることができずに苦労している。

ロシアにおける模造品の被害は，売上高の減少を招くだけでなく，ブランド全体のイメージダウン，企業の信用力低下につながりかねない重大な問題になっている。

ところが，コニカミノルタは，トナーなどの消耗品で利益を確保しているという。それは模倣が容易ではないトナーを製造したことが一因となっている。コニカミノルタビジネステクノロジーズの山名常務は，「それぞれの複写機に合わせたトナーが作られているため，トナーが機械に合わないことによるケミカルリアクションがあったらダメなんです。トナー粒子が小さくなってきており解像力がよくなってきています。ケミカル（トナー）とハード（複写機）がマッチングしないとダメなんです。」と述べる。

この模倣が容易ではないトナーこそコニカミノルタの競争力の源泉である。模造品のトナーを用いると画像の再現性に問題が生じるところが優れている。模造が容易ではないトナーを開発することは，模造品対策として見習うべき手本であろう。

(2) 価格戦略

コニカミノルタは低価格だけを訴求し顧客を獲得し，つなぎとめておく戦略ではなかった。したがって業界平均よりも若干高めの価格設定になっている。

グローバルな価格調整には3つの価格設定がある。
(1) **エスノセントリック価格設定**：すべての消費者に自国の価格で提供。
(2) **ポリセントリック価格設定**：現地市場に合わせた価格設定。現地の子会社に大幅に裁量権を残している場合，価格は本社からの制約なく，それぞれ

のローカル市場ごとに適切なレベルで価格が設定される。このため，ポリセントリック価格設定が行われている諸国間では価格はかなり異なる。

(3) ジオセントリック価格設定：グローバルあるいはリージョナルな価格の基準を設定し，各国で異なる**マークアップ率**（一定率）を加える。マークアップ率は各国の製品が直面している特別な状況に適応する。例えば，原価1,000円の品に500円を加えて売値を1,500円に決めるとすると，マークアップ率は500／1,500＝33％となる。

ポリセントリック価格設定は各国で勝手に価格を決定でき，各国で最適を追求するが，ジオセントリック価格設定は，グローバルな調整と現地適応をしている。

コニカミノルタは，グローバル化が進展し，グローバルな標準価格尺度を全社的に設定するようになった。その標準価格尺度を基準にしてロシアに合わせた販売価格をモスクワ駐在員事務所が提案し，欧州統括本部が決定している。その意味ではジオセントリック価格設定であり，かつ現地の需要条件と競争条件を考慮に入れ現地に合わせた適応化も行っており，グローバルな調整と現地適応化を実現している。

(3) チャネル戦略

① 2段階チャネル

コニカミノルタはディストリビューターを増やし，ディストリビューターに地方のディーラーを開拓させていった。**ディーラー**とは，自己名義・自己責任において，仕入先から商品を購入し，販売する販売店を指すが，一般的には最終需要家に販売する小売業者を意味する場合が多い。ディーラーもディストリビューターも販売店であるが，通常，ディストリビューターは，メーカーとディーラーの中間に位置する。両者とも利益は，製品の仕入れ価格と販売価格の差額で形成される。ロシア市場においては，①現地輸入企業，②ディストリビューター，③ディーラー，④小売業者の業態がはっきりと区別されておらず，①と

②が同一企業であることもあれば，①から④まで1つの企業がカバーしているケースもある。複写機業界でディーラーという場合，最終需要家へ販売する小売販売店のことを指す。

コニカミノルタは，他の日本の複写機メーカーと同様に**ディストリビューター→ディーラー**という**2段階チャネル**を採用した。同社は世界に共通の基本流通チャネル政策として最終需要家への**直販**を戦略としている。だが，ロシアにおいてはその広大な国土と販売規模を考慮し2段階チャネル戦略を採用した。これは流通チャネル戦略において**標準化戦略**を採用したのではなく，ロシア市場に合った**適応化戦略**を採用したものと解釈することができる。

生産者と最終消費者の間に中間業者がいくつ入るかによってチャネルの長さが決定される（図表4－7）。

直販とは，ゼロ段階チャネルのことをいう。これを別名，**ダイレクト・マーケティング・チャネル**という。主な例はインターネット販売，訪問販売，通信販売，テレマーケティング，テレビショッピング，製造業者の直営店などである。

1段階チャネルは小売業者のような販売に従事する中間業者が1つ入る。

2段階チャネルは2つの中間業者が入る。

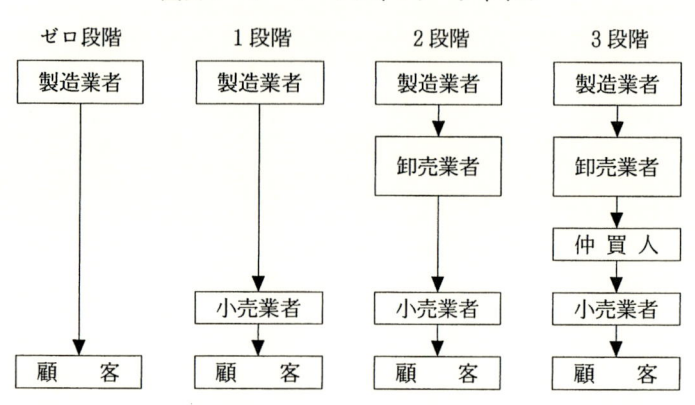

図表4－7　マーケティング・チャネル

ゼロ段階	1段階	2段階	3段階
製造業者	製造業者	製造業者	製造業者
		卸売業者	卸売業者
			仲買人
	小売業者	小売業者	小売業者
顧　客	顧　客	顧　客	顧　客

（出所）コトラー（2002：295）。

3段階チャネルには3つの中間業者が入る。生産者からすると，チャネルの段階数が多くなるほど最終消費者の情報を得たり，チャネルを統制することが困難になる。

② ディストリビューターの組織化（流通系列化）

参入当初は，同社のディストリビューターは数社であった。その後，販売網を拡大していった。2005年4月現在で，「デミドス（Днмн-доc）」以外に**公式ディストリビューター**が8社ある。「ビヤンカ」（Бьянка），「エムシーエムグループ」（MCM-rрупп），「スレッシュ」（Слэш，Лтд.），「サン」（CAH）ほかである。公式ディストリビューターはいずれもコニカミノルタ製品を専売しており他社製品の販売は行っていない。**専売店制**とは，メーカーが，卸売業者や小売業者に対し，自社製品のみを取扱わせるもので，その見返りとしてリベートなどで優遇しようというものである。

コニカミノルタはこのようにしてディストリビューターらの**流通系列化**を進めた。**流通系列化**とは，メーカーが販売先を選別し，いろいろな手段を使って販売先の販売活動全般を管理下に置こうとするものである。専売のディストリビューターは所有面では独立の業者であるが，行動面では，コニカミノルタ製品の商活動を展開する。店舗設計・販売促進面でコニカミノルタの看板・ロゴを使用している。そのために必要な資料・情報等を直接間接的支援で受け，併売よりも優遇を受けている。

複写機のような専門品は購買後に，緻密なサービスが必要とされる。このため，チャネルはできる限りメーカーの管理下にあることが望ましい。そのために「流通系列化」の形態がとられている。これにより流通チャネルを直接的に統制できる。

③ ディーラー

複写機の**正規ディーラー**（Authorized Dealer）は，エカチェリンブルグ市，サンクト・ペテルブルグ市，ニジニ・ノヴゴロド市，ロストフ・ナ・ドヌー市，

サラトフ市、ノヴォシビルスク市、カザン市、サランスク市、サマラ市、ウリヤノフスク市、バルナウル市など、ロシアの百万人都市を中心に大都市に合計14社ある（http://konicaminolta.ru/index.cfm?id=1031　2005年4月5日現在）。

　正規ディーラーは、コニカミノルタ製品の販売の認可を受けたディーラーであり、コニカミノルタ製品の**専売**である。**専売**であるということはコニカミノルタの**流通系列化**に組み込まれている小売業者である。所有面では独立の業者である。だが、行動面では、コニカミノルタの製品の商活動を展開する。店舗設計はコニカミノルタの看板・ロゴを使用することができる。その面で、資材提供や広告など直接間接的支援で優遇を受けている。

　このようにして、コニカミノルタはディーラー段階においても、流通系列化を進め、自社のチャネル構築を進めた。

④　**再販売業者**

　ディーラーのほかに再販売業者がいる。**再販売業者**（reseller）とは、ディストリビューターから仕入れて、最終需要家へ再販売する業者を指す。コニカミノルタ複写機の**再販売業者**として認可を受けたのは、サラトフ市、ニジニ・ノヴゴロド、ベルゴロド、オムスク、クルスク、キロフ、ロストフ・ナ・ドヌー、サンクト・ペテルブルグ、クラスノヤルスク、ヴォロネジに11社ある。いずれもコニカミノルタから資材提供や広告など直接間接的支援を受けている。直接的にはコニカミノルタのモスクワ駐在員事務所のホームページで再販売業者の住所、連絡先、取扱い製品を提供し、販売資材の提供を行っている。そのほか、顧客からの直接の電話・メール等での問い合わせや要望に対応している。だが、コニカミノルタは自主的に再販売業者の組織化は行っておらず、サポートの提供は直接・間接に行っている程度である。再販売業者は、専売ではなく他社製品も扱う**併売**である。したがって再販売業者はコニカミノルタの流通系列化には組み込まれていない。店舗設計も、コニカミノルタの看板を専属的に掲げていない。その分、正規ディーラーに比べるとコニカミノルタから異なった支援を受けている。

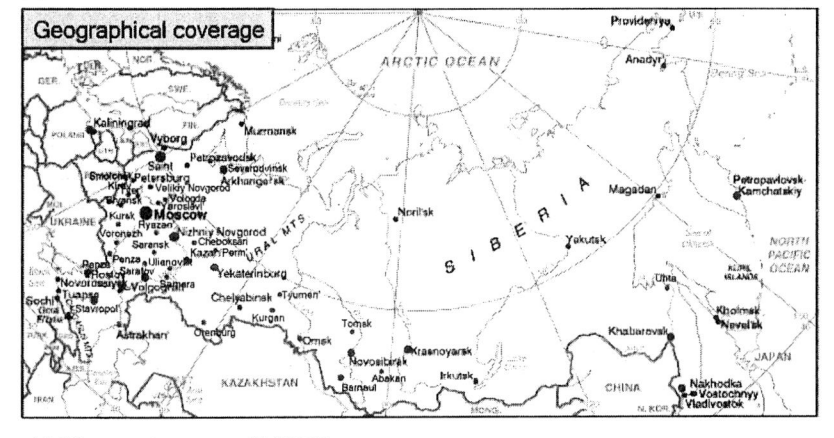

第4章　ロシア・中東欧市場戦略　●―― 81

図表4－8　コニカミノルタのロシアにおける流通チャネル網（2005年4月末現在）

（出所）コニカミノルタ提供資料。

以上のコニカミノルタのロシアの流通チャネル網を地図で表したのが図表4－8である。ウラル山脈の左側，すなわちヨーロッパ・ロシアに流通チャネルが集中し，ウラル山脈の右側，すなわちシベリア・極東には流通チャネルがまばらであることが看取される。それでも，主要都市にはディストリビューターかディーラーが存在し，ロシア全土に流通チャネル網が広がっている。

⑤　オフショア取引と販売子会社

ロシアにおけるコニカミノルタのチャネル戦略では，上述のような2段階流通システムを採用し，売上高を少しずつ伸ばしてきた（図表4－9）。商流では，ドイツの欧州現地法人とロシアのディストリビューターとがドイツで売買契約を結んでいる。物流は，コニカミノルタの日本・中国等の生産拠点から欧州中央倉庫へ輸送され，そこからロシアのディストリビューターがロシアへトラックで輸送し通関している。このように商流も物流もロシア向けの商品がロシアの国外で取引される，**オフショア取引**になっている。「オフショア」という言葉は陸地から離れた沖合いという意味である。**オフショア取引**とは，当該国の域外での取引を意味する。ロシア市場の場合，ロシア国内ではなくドイツなど

図表4－9　ロシアにおけるコニカミノルタのオフショア型2段階流通システム

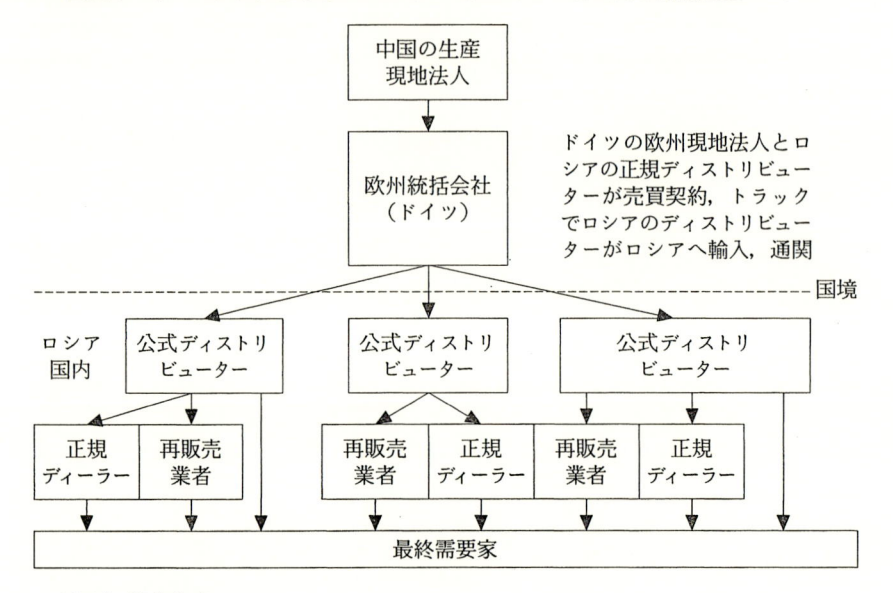

```
                    ┌──────────┐
                    │ 中国の生産  │
                    │ 現地法人   │
                    └────┬─────┘
                         ↓
                    ┌──────────┐         ドイツの欧州現地法人とロ
                    │ 欧州統括会社│         シアの正規ディストリビュー
                    │ （ドイツ）  │         ターが売買契約，トラック
                    └────┬─────┘         でロシアのディストリビュー
                         │                 ターがロシアへ輸入，通関
    ─────────────────────┼──────────────────────────── 国境
            ┌────────────┼────────────┐
            ↓            ↓            ↓
ロシア  ┌────────┐   ┌────────┐   ┌────────┐
国内   │公式ディストリ│ │公式ディストリ│ │公式ディストリ│
       │ビューター   │ │ビューター   │ │ビューター   │
       └──┬──┬──┘   └──┬──┬──┘   └──┬──┬──┘
          ↓  ↓         ↓  ↓         ↓  ↓
       ┌──┐┌──┐    ┌──┐┌──┐    ┌──┐┌──┐
       │正規││再販売│  │再販売││正規│  │再販売││正規│
       │ディーラー││業者│  │業者││ディーラー│  │業者││ディーラー│
       └─┬┘└─┬┘    └─┬┘└─┬┘    └─┬┘└─┬┘
         ↓    ↓        ↓    ↓        ↓    ↓
       ┌────────────────────────────────────┐
       │            最終需要家                │
       └────────────────────────────────────┘
```

（出所）筆者作成。

海外で取引を実施することを指す。

　複写機は画質の品質保持のため感光体やその他の消耗部品を定期的に整備・交換する必要があり，アフターサービスが重要となる。こうした製品はより顧客満足度を増加させるために，**直販**が望ましい。ではなぜ，直販をしていないのだろうか。直販を行うには，図表4－10のようにロシア国内に販売子会社を設立する必要がある。

　ロシア国内に販売子会社を設立すると次のようなメリットがある。

1．最終需要家に接近でき，顧客が求めるニーズを収集できる。そのことにより顧客との関係性を構築・維持することができリピーターを増やすことができる。現在の2段階チャネルでは，メーカーと最終需要家の間に流通業者が2社，介在することになる。その分，情報がフィードバックされにくい。情報がフィードバックされてこないと，顧客のニーズが読みづらい。ニーズが読めなければ，顧客が欲するモノを提供できない。

図表4－10　ロシア国内に販売子会社を設置した場合のコニカミノルタの流通システム

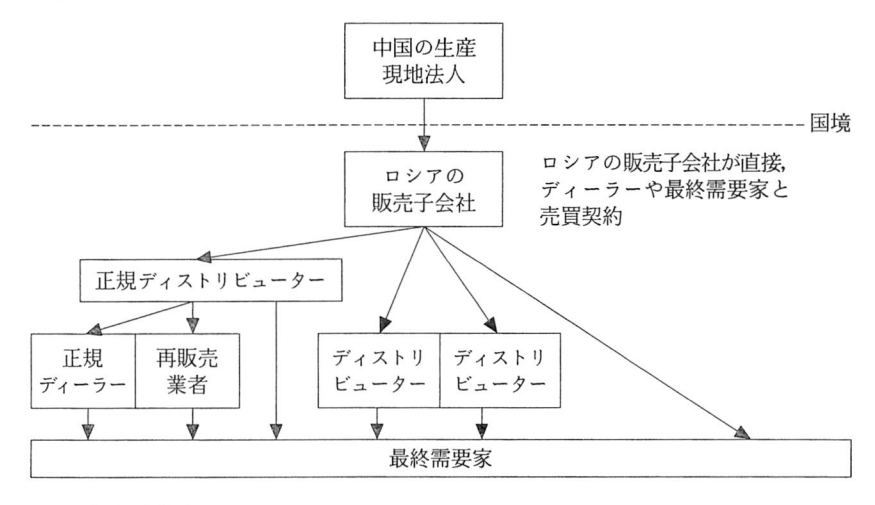

```
           ┌──────────┐
           │ 中国の生産 │
           │ 現地法人  │
           └────┬─────┘
────────────────┼──────────────────────────────── 国境
                ▼
           ┌──────────┐    ロシアの販売子会社が直接，
           │ ロシアの  │    ディーラーや最終需要家と
           │ 販売子会社│    売買契約
           └┬───┬──┬─┘
    ┌───────┘   │  └────────┐
    ▼           ▼           ▼
┌─────────┐  ┌────┬────┐   
│正規ディス│  │ディ │ディ │   
│トリビュー│  │ストリ│ストリ│   
│ター    │  │ビュー│ビュー│   
└─┬────┬─┘  │ター │ター │   
  ▼    ▼    └──┬─┴──┬─┘   
┌────┬────┐   │    │      
│正規 │再販売│   │    │      
│ディー│業者 │   │    │      
│ラー │    │   │    │      
└─┬──┴─┬──┘   │    │      
  ▼    ▼      ▼    ▼      ▼
┌────────────────────────────┐
│         最終需要家          │
└────────────────────────────┘
```

（出所）筆者作成。

　2．販売後のアフターサービスを販売子会社が直接行えば，より正確に，熱心にそして何よりも詳細な情報入手が可能になる。

　ではなぜ，コニカミノルタはロシアに販売子会社を設立しないのであろうか。

　販売子会社の設立はロシアへの投資である。駐在員事務所に比べ，より多くのスタッフの雇用を含めコストがかかる。例えば，モスクワ駐在員事務所では13名の人員であるが，ウクライナに設立した販売子会社には93名の人員が働く。したがってそれに見合った売上高が求められる。現在のところ，ロシアの複雑でグレーな通関制度に加え，MFP市場の3分の2が小型機であるという市場特性を考え，駐在員事務所展開がより効率的と判断している。したがって，販売子会社ではなく，駐在員事務所を設置し，現地での販売・サービスサポートに加え現地の情報収集，需要調査，広告宣伝などを行っている。

⑥　OEM供給契約による販路拡大

　売上高増加のための流通チャネル戦略として，コニカミノルタは，ロシアの

複写機メーカー「MB」（エム・ビー）とOEM供給契約を結んだ。MBはコニカミノルタのオフィス用複写機に「MB」ブランドを付与し販売している。これが成功を収め，ロシアにおける売上高を大幅に伸ばすことになった。ロシアにおける現地ブランドへのMFPのOEM供給は，2003年で約4,000台である。これは自社ブランドの約2分の1の台数にもなる。

　コニカミノルタはなぜ，OEM供給契約を結んだのか。
1．MBは，ロシアの複写機市場で大きな市場占有率を有していた。
2．MBはロシア企業の強みを生かし，ロシアの政府や大企業を顧客先としてもっていた。
3．MBは，ロシア全土に販売拠点やサービス網を有していた。
4．MBブランドはロシアでは知られていたが，コニカミノルタ・ブランドはあまり知られていなかった。
5．コニカミノルタというメーカーのブランドである，**NB（national brand；ナショナル・ブランド）**で参入するとすれば，一からマーケティング・チャネルを開拓し，自社ブランドをプロモーションする必要がある。
6．サービス要員も一から教育しなければならない。
7．ロシア市場には三強といわれるキヤノン，ゼロックス，リコーが先に参入しており，コニカミノルタは後発組である。一からコニカミノルタ・ブランドをPRし，販売していくのは多くの資金と時間と取引費用がかかる。
8．MBに販売すれば，MBの流通チャネルで販売してもらえる。
9．OEM取引による大量の受注は，**規模の経済性**となり，コストダウンを実現することができる。
10．OEM供給を通じて，ロシアではどのような複写機がよく売れるのかを学習することができる。

　コニカミノルタにとっては，MBブランドでの販売により，コニカミノルタの売上高も利益も増加させることができた。つまり，コニカミノルタにとって

MBとのOEM供給契約は，
 (1) 大量生産，大量販売によるコスト・メリットをもたらし，規模の経済性を発揮することができた。
 (2) 相手任せの販売による流通費用を節約しコストダウンができた。
 (3) ロシアの顧客ニーズの学習が可能であった。
というメリットがあったのである。

　しかし，OEM供給契約はメリットばかりあるわけではない。いつまでも，OEM供給契約をしていたのでは，自社ブランドをロシアに普及させることができない。さらに，アフターサービスをMBに一任していたのでは，MBブランドで販売した分のロシアのマーケティング・チャネルに関するノウハウ，経験や情報の蓄積が自社にできない。そこで，コニカミノルタはOEM供給だけに依存するのではなく，自社ブランドでの販売も並行して進めた。
　やがて，ロシアの顧客はMBブランドはコニカミノルタによるOEM供給契約であることを知るようになった。インターネットの普及により情報が公開され入手しやすくなったからである。すると，より確かなサービスを求め，ロシアの顧客はコニカミノルタ・ブランドを購入するようになってきている。
　だが，MBはロシアの主要都市に直販によるサービス網を有している。これに対しコニカミノルタはロシア国内に販売子会社を設立しておらず，MBのような直販を行っていない。したがって，現時点ではMBのようなサービス力を構築できていない。

(4) プロモーション戦略
① 優れたディーラー・ヘルプ
　複写機では，販売店の**アフターサービス**が求められる製品であるので，**直販**でない場合はディストリビューターやディーラーなどの**流通業者**の**セールス活動**が購買に強い影響を与える。
　そのため，コニカミノルタは，**流通業者**に対する営業活動や，**流通業者**向け

販売促進（展示会，トレーニング，共同広告など）に重点を置いた。ほかにも**人的販売活動**による**サービス向上**に力を入れてきた。複写機は企業がターゲットであるので，**産業財マーケティング**である。買い手は専門知識を十分にもっている。そして，消費財で重視されるイメージよりも**サービス**や価格が先行する。同社の欧州統括本部のサービス部門が，モスクワ駐在員事務所のサービススタッフを教育し，彼らがロシアのディストリビューターのサービス部門を教育・支援している。こうして，メインテナンスやアフターサービスの徹底的指導を行ってきた。

　また，一連の販売促進策（広告援助，陳列用具提供，店舗設計，ショーウィンドウ設計の支援，社員教育支援，経営サポート）も進めた。

　これは**プッシュ戦略**である。**プッシュ戦略**とは，第1章で述べたようにメーカー→流通業者→最終需要家のように，取引流通に従い，自社製品の取引を拡大していく戦略である。メーカーから最終需要家へ「押し出す」（push）ようにみえるからである。同社はプッシュ戦略に力をいれた。

　ディーラー向けプロモーションとして商品情報や企業情報を最終需要家へ発表する前に，ディーラーを事前発表会に招待し，知らせることで販売促進も図った。

② 広　告

　コニカミノルタは広告掲示板や電光ボード等を利用した**屋外広告**を行っている。**ニッチャー**の市場セグメントはそれ自体が限られているので，派手で大規模なプロモーションを行う必要はない。特定の市場セグメントにのみ情報を伝えるようなプロモーションを心がければよい。そこで，同社のディストリビューターが専門誌にコニカミノルタの複写機の宣伝を出しそれを支援している。こうしたディーラーとの**共同広告**は日本企業のグローバル・マーケティングの特質である（大石 1995）。

　専門誌に宣伝を出すのは**プル戦略**である。**プル戦略**とは，最終需要家に製品のブランドを認知してもらう戦略をいう。最終需要家からメーカーの方へ「引き込む」（pull）ことを意味しているからだ。同社は上述のように，プッシュ

第4章 ロシア・中東欧市場戦略　●―― 87

戦略もプル戦略も両方行った。

　コニカミノルタは以上のようなマーケティング戦略でロシアにおいて少しずつ販売台数を増加させてきた。販売台数では着実に増加してきている。だが，自社ブランドの市場占有率では2003年においてまだ3.1％（小型機を除くオフィス分野では8％強）にすぎない。

　それに対し，ハンガリー，ポーランド，チェコでの成功は対照的である。なぜ，コニカミノルタはこれらの諸国でマーケット・リーダーになることができたのであろうか。

4．中東欧での成功

(1) 先発優位と直販

　ハンガリー，ポーランド，チェコではなぜコニカミノルタは高い市場占有率を取ることができたのだろうか。それは**先発参入優位**（first mover advantage）と**直販**による顧客との信頼づくりにあった。

　競合他社よりもいち早く市場に参入することによって，流通チャネルへの接近，顧客ののれんの確保，肯定的な評判が獲得されることを**先発優位**という（Lieberman & Montgomery 1988）。

　コニカミノルタは他社に先駆けて中東欧諸国へ参入した。さらに，自社の**顧客**は，ディストリビューターやディーラーではなく，製品の**最終需要家**であることを同社は理解し，**最終需要家**へ接近しサービスに努めた。同社は**直販**によって顧客にサービスを提供し，顧客から信頼を獲得し，リピーターを増やしていった。顧客一社一社を対象に，問題が生じたときにはすぐに駆けつけ対応した。こうして**顧客との関係づくり**を進め，顧客が求めているものを見極め，**個別対応をしてきた**。そうすることで**信頼関係**を築き長期間にわたり顧客サービスを提供してきた。

　それにより，顧客からの信頼を獲得し**顧客満足度**を高めることができた。それが，**アップセリング**（Up Selling）や**クロスセリング**（Cross Selling）へと

結実した。**アップセリング**とは，顧客が購買を検討している商品・サービスを同じラインアップの上位商品や付加価値の高い商品へ誘導する販売促進の技法である。**クロスセリング**とは顧客が購買する商品やサービスの延長上にある，関連商品や関連サービスを販売する技法である。複写機の購入の際に，「ネットワークプリンタも一緒にいかがですか」という技法を指す。

(2) 関係性マーケティング

さらに，販売後の修理・メインテナンス・消耗品の補充など**アフターマーケット需要**があった。コニカミノルタは一社一社の顧客，つまり「個客」を理解し，「一対一」で対話を続け，それぞれの顧客が求めるかたちで商品・サービスを提供できた。そして対面営業として顧客とのコミュニケーションを大切にした。こうした**直販**によって，「ワン・トゥ・ワン・マーケティング」を実現したのである。「ワン・トゥ・ワン・マーケティング」とは顧客との一対一の対応や関係に重点を置いたマーケティングをいう (Peppers & Rogers 1993)。

従来のマーケティングは不特定多数に対して1つの製品を売る「**マス・マーケティング** (mass marketing)である。これに対し「**ワン・トゥ・ワン・マーケティング**」は，特定顧客や個別の顧客1人ひとりを対象にした**顧客との関係づくり**や**個別の対応**が中心である。顧客との対話や顧客からのフィードバックを通じて顧客が求めているものを見極め，長期間にわたって顧客サービスを提供する。「個」として捉えた顧客に対して，個別に対応し，**長期的関係**を構築する。このため，「ワン・トゥ・ワン・マーケティング」は「**関係性マーケティング**」あるいは「リレーションシップ・マーケティング」(relationship marketing)とも呼ばれている。

コニカミノルタは，直販により顧客一社一社の購買特性に応じた個別のマーケティング対応を展開できた。コニカミノルタの営業マンが直接注文を受け，顧客に積極的に商品情報を提供し，新たな地域や顧客開発をしている。これを**需要創造機能**というが，これを自社の営業マンが行っているところが競争優位になる。

第4章　ロシア・中東欧市場戦略　●──── 89

(3) CRM（顧客関係性のマネジメント）

　中東欧にある販売子会社は，顧客と密接なCRM（Customer Relationship Management：顧客関係性のマネジメント）で結ばれ，その**顧客生涯価値**を最大化する役割を果たしている。CRMとは，企業が顧客と長期的な関係を築く経営手法を指す。これは顧客との対話を通じて，顧客の満足をいかに高めるかを対象にしており，CS（Customer Satisfaction：顧客満足）を高めることができる。そうすれば顧客は購買してくれ，企業収益の貢献になる。そのねらいは，常連客づくりのマーケティングである。そして現在の顧客情報から最も効率的に顧客ニーズを探し出し，その対応策を提供できる。顧客データベースを元に，商品の売買から保守サービス，問い合わせやクレームへの対応など，個々の顧客とのすべてのやり取りを一貫して管理することにより，コニカミノルタはCRMを実現することができた。こうして，顧客のニーズにきめ細かく対応し，**顧客満足度**を高め，顧客を**常連客**として囲い込み収益率の極大化を図った。

　最終需要家はイノベーションの担い手である。複合機で改良すべき点は，**使用経験**を積み重ねるにつれて明らかになる。顧客の要望やクレームを地道に吸い上げ，製品改良を不断に行ってきた。これはニーズ対応であり，これによって顧客をつなぎとめる有用な戦略の1つであった。企業はこのように顧客のクレームや要求に注目する必要がある。なぜなら，そのなかに顧客が本当に必要としているもの，イノベーションの源があるからである。顧客の使用経験から出てくるクレームと要望を聞くには営業マンによる直販が一番よい。コニカミノルタの優れた点は，この点だけではない。さらに，顧客に次世代の先端をいく未来のコンセプトを提案してきた点が優れている。

　複写機を購入した場合，機種交換，部品交換，買い替え需要，消耗品の買い足しなどさまざまなビジネス・チャンスがある。コニカミノルタはこのような小さな機会を見過ごさず，満足のいく対応を直販で行ってきた。そして，顧客に徹底的につくし顧客を維持した。その結果，買い替え需要などの大きなチャンスを手中にすることができた。

顧客とのこうした関係性の構築で，変化する**顧客満足**を的確に把握し，顧客満足度を最大限に高め，その顧客満足水準を常に維持することができた。初めて複写機を販売したときから行った，故障のときの迅速な対応，顧客のニーズに合った適切な提案が，カラー複写機，複合機への**アップセリング**へと結実した。

　顧客に継続的に購入させたいのであれば，**顧客満足**を最大限に高め，顧客との関係をより強固なものにしていくしかない。マーケティングの重要な目的は**顧客満足**の充足にある。顧客こそがマーケティングの主役である。これを同社は理解していた。

(4) コンセプト提案型マーケティング

　同社はコニカミノルタ独自の新たな価値やコンセプト，イノベーションを提案していった。ニーズ対応のCRMを補完する，**コンセプト提案型マーケティング**を展開した。

　例えば，現地の最終需要家が，パソコン端末で作成した文書データをいったんプリントアウトしてから多部数コピーするため文書作成に時間がかかるという問題を抱えていた。コニカミノルタの営業マンが，最終需要家の使用コピー数などを徹底的に調べ，最終需要家に対して，新機種を導入しどのように使えばどれだけの時間の節約になるのかという提案を出して取引（ソリューション）を行ってきた。

　複写機業界では，最終需要家は新技術のメリットがよくわからないので，新技術や情報に先行優位をもつ営業マンが，その情報サービスの形で最終需要家がメリットをつくれるようにアプリケーションを提示しつつ啓蒙・説得する。その結果，新しいソリューションが提案され，それによってソリューション満足が得られる。

　CRMの意義は顧客1人ひとりの購買履歴データを蓄積することにより，顧客が次に何を必要とするのかを明らかにすることができる。だから提案できる。

　コニカミノルタの考える最高のサービスやアプリケーションソフトを，**コン**

セプト提案していく。顧客は次にどうしたらよいのかわからない場合が多い。そうしたときに，次にはどのような手段があるのかを提案してくれることにより顧客は活路を見出すことができる。コニカミノルタは顧客のニーズに対応しながら，新しい**コンセプト提案**を行っていった。これは直販でなければ実行することは難しい。マーケティングの役割は，このように，現在の顧客ニーズを満足させるだけでなく，<u>将来のニーズの創造</u>も視野に入れながら，サービスを革新していくことにある (Kotabe & Helsen 2001)。

(5) **カスタマイズ対応**

同社は顧客の意向に限りなく配慮した**カスタマイズ対応**を目指している。コニカミノルタは営業マンによる**直販**によって，顧客1人ひとりの顔がみえ，個別対応のうえに成り立つ**関係性**を樹立することができたのである。複合機は，必要部分は個別に対応することで，標準化のメリットを生かせる業界である。

コニカミノルタが最終的に目指しているのは，競合他社が模倣することができないカラー複写機の美しい画像によって，顧客の心を魅了し，ソリューションなどのサービスにより**持続的で強固な関係性**を構築することにある。

(6) **口コミの経済学**

中東欧で高い市場占有率が維持できているのは，コニカミノルタがマーケット・リーダーであるドイツからの情報が中東欧へ流入していることも関係がある。中東欧の人々はよくヨーロッパへ行くようになった。ドイツの既存顧客が新規顧客を呼んでくるという「口こみ」の経済学が働いている。これは，CRMにおける新規顧客獲得のもう1つの論理である。顧客は，購買目的や選択基準を整理するために，他社の経験談などを聞いたりすることが多い。既存顧客のなかから1人でも多くの口コミの担い手を育成することが，新規顧客獲得のカギを握る。口こみの担い手は通常ヘビーユーザーである。ヘビーユーザーはその商品の利用頻度が非常に高く，製品への熱い思いをもつ。そして，自発的に思いを他人に語る。

5. グローバル・マネジメント

 以上のような市場戦略をロシアや中東欧でコニカミノルタは行ってきた。だが，これらの市場戦略はモスクワ事務所や欧州統括本部が決定しているという単独のものではない。本社や欧州統括本部「Konica Minolta Business Solutions Europe GmbH」がマーケティング活動について，グローバルな観点から標準化，調整，統合を行い，本社や欧州統括本部のコントロールの下で戦略が遂行されている。

 各国で展開しているマーケティング活動について，グローバルな観点から**標準化，調整，統合**を行うグローバル・マーケティングのマネジメントを**グローバル・マネジメント**という。

 コニカミノルタも，グローバル企業として，グローバルな観点から**標準化，調整，統合**を行うグローバル・マーケティングのマネジメントを行っている。同社は，本社，欧州統括本部，モスクワ事務所の間でどのように調整・統合を行っているのであろうか。

(1) マーケティング移転の促進

 コニカミノルタビジネステクノロジーズの本社にはMFP・プリンタ別に，海外販売チームが存在する。このチームは共通の戦略の下でグローバル統制力をもっている。その一方，各国の子会社にマーケティング・プログラムやプロセスの適応を任せている。そして独自のマーケティング・プログラムを策定している。

 その具体的内容を本社や欧州統括本部が調整している。例えば，ロシアの公式ディストリビューターの認可はモスクワ事務所が申請し，欧州統括本部が決定している。価格をこのくらいにしようと各子会社が提案し欧州統括本部が決定している。このような広告を行いたいとモスクワ事務所がマーケティング政策を策定し，本社・欧州統括本部へ提案する。その検討・決定後，モスクワ事務所が実行している。

 つまり，グローバル標準化戦略を強制するのではなく子会社の創造性が重視

されている。

モスクワ事務所は，現地人が所長であり，現地のニーズに合った革新的なマーケティング・プログラムを策定している。

(2) 現地化

伝統的な日本企業の人的資源モデルは「日本人支配体制」である。これは海外子会社で，経営管理者を日本人駐在員が担い，一般事務などの補助労働力は現地採用スタッフが担うという構造である。

だが，コニカミノルタは，現地市場ニーズへの適応，現地特有の経営資源（知識やノウハウなど）の有効活用のために，現地スタッフにも経営幹部となる機会を提供している。そして戦略的に重要な欧州地域会議にも出席させている。このため，現地のマネージャーは会社に貢献しようというやる気に満ちている。こうして優秀な現地の経営管理者の能力を発揮させ活用することに成功している。

(3) 本社と子会社，子会社同士のコミュニケーションの促進

コニカミノルタは，欧州統括本部での定例欧州販社会議に加え，欧州内の子会社との緊密な**コミュニケーション**を常時行っている。これにより各子会社のマネージャーは他の子会社から効果的なマーケティング・プログラムについて情報交換している。そして，子会社同士で成功した**マーケティング・イノベーション**の水平移転を行っている。

モスクワ事務所や各販売子会社は月に1回の公式レポートに加え，案件により適宜提案・レポートを本社と欧州統括本部へ提出している。これによって，相互のコミュニケーションを図っている。また，公式・非公式にメールなどで子会社間同士，欧州統括本部と販売子会社間で情報交換を行っている。

これらにより，たえず，マーケティング・イノベーションの情報交換，水平移転や子会社から本社への逆移転が可能になっている。同社では，海外子会社はイノベーション・センターとしての役割を果たしている。

(4) 世界的標準化と現地適応化の複合化

コニカミノルタは親会社の世界戦略を貫徹させる一方，子会社に権限と自主性を与えうまく生かしながらグローバル企業としてシナジー効果を最大化させようとしている。世界中共通の戦略でいくべきだという標準化戦略と国ごとの戦略を変えるべきだという適応化戦略を複合させ，現地に任せられるところは現地に権限を委譲している。

こうすることで標準化できるところは標準化を進めコスト削減を図る一方，現地の市場のニーズを生かした戦略となっている。すなわち**世界的標準化と現地適応化の複合化**が行われているといえる。

(5) コニカミノルタの中東欧・ロシア戦略のまとめ

1. コニカミノルタの競争力の源泉は，直販という優れたチャネル戦略と顧客満足追求によるサービスの徹底，および模造困難なトナーにある。そして，ポーランド，ハンガリー，チェコで同社がマーケット・リーダーになることができたのは，これらの諸国がいち早く転換不況から回復することを見越して，他社に先駆けて中東欧諸国へ参入したこと，および現地に国別の販売子会社を設立し，顧客に密着したサービスを展開したことにある。
2. 参入様式は経済成長が見込めた中東欧諸国へは最初から販売子会社を設立した。金融危機以降経済回復が見込めなかったロシアへは間接輸出から始めた。このように経済成長が見込めた国へはリスク大の参入様式で参入し，経済成長が不透明な国へはリスク小の参入様式で参入し，リスクを吸収してきた。
3. マーケティング・ミックスは，標準化できるところは標準化し，国ごとに適応しなければならないところは適応した標準化と適応化のハイブリッド戦略を採用している。これにより，顧客に適応できる部分では適応し，標準化できる部分は標準化し，顧客のニーズに応える一方，全社的なコスト削減に努めている。

6. 今後の見通しと課題

　今後のロシア・中東欧市場の見通しはどうなのか。中東欧諸国のオフィス用複写機の販売台数の推移とIDCの今後の市場規模の推計をみると、あまり増加しそうにない。すなわち、モノクロMFP分野において市場の成熟傾向が顕著になっている。このような市場ではモノクロからカラーへの移行が進むであろう。さらに、高価格の高速・多機能モデルが一層普及していくだろう。

　ロシアはどうであろう。ロシアは製品ライフサイクルが中東欧諸国よりも遅れている。ロシアのIDCの推計によると、好調なロシア経済を受けてこれから急速に販売台数が増加する予測である。モノクロからカラーへの移行、高価格の高速・多機能モデルが、急速に普及していくだろう。今後成長が予測されるロシアにおいて、コニカミノルタはどのようなロシア市場戦略を取ったらよいのであろう。

　まずはコニカミノルタの強みと弱みをSWOT分析で分析してみよう。

●SWOT分析

　自社能力と外部環境が自社に良い影響を及ぼすのか悪い影響を及ぼすのかに分ける。自社のもつ強み（S：Strength）、弱み（W：Weakness）、外部環境の機会（O：Opportunity）、脅威（T：Threat）の4つに区分できる。それを分析する技法を、**SWOT分析**という。

　ロシア市場におけるコニカミノルタをSWOT分析により分析すると、図表4－11の通りである。コニカミノルタの強みは、ロシア写真産業におけるブランドの浸透、カラーに強い、トナーが模造困難、OEMで販路拡大、ロシア全土にディーラー網設置、東欧諸国での直販のノウハウ蓄積にある。一方、弱みは、複写機では自社ブランドがあまり浸透していない、直販でないため東欧諸国ほど顧客ニーズを直接把握できていない、安くない、複写機の市場占有率が競合他社に比べ大きくないことにある。SWOT分析では、自社の強みの分野をさらに強化することにより、他社が追従できないレベルにまで引き上げることが必要である。コニカミノルタの場合は、カラーでは絶対に負けないとい

図表4-11　コニカミノルタのSWOT分析

	良い影響	悪い影響
自社能力	Strength（強み） 1．ロシア写真産業におけるブランドの浸透 2．カラーに強い 3．トナーが模造困難 4．OEMで販路拡大 5．ロシア全土にディーラー網 6．東欧諸国での直販のノウハウ蓄積	Weakness（弱み） 1．複写機では自社ブランドがまだあまり浸透していない 2．直販でないため東欧諸国ほど顧客ニーズを直接把握できていない 3．安くない 4．複写機の市場占有率が競合他社に比べ大きくない
外部環境	Opportunity（機会） 1．OEM供給よりも自社ブランドを指名買いする顧客が増加 2．ロシア経済の好調維持 3．ロシアはローエンドからハイエンドやカラー複合機へこれからアップセリングする市場 4．他先進国と同様なモノクロからカラーへのユーザーニーズの変貌	Threat（脅威） 1．ゼロックスはカラー複合機で強く，政府関係に顧客をもつのでシェア奪取は容易でないかもしれない 2．ロシア経済の成長が鈍化しアップセリングが急速に進展しないかもしれない 3．市場拡大に伴う市場価格のさらなる下落

（出所）筆者作成。

うコア・コンピタンスとして確立することで競争で優位に立てる。コニカミノルタにとっての機会は，OEM供給よりも自社ブランドを指名買いする顧客が増加していること，ロシア経済の好調維持，ロシアはローエンドからハイエンドやカラー複合機へこれからアップセリングする市場であること，他先進国と同様なモノクロからカラーへのユーザーニーズの変貌が予測されることである。一方，脅威は，ゼロックスがカラー複合機で強く，政府関係に顧客をもつのでシェア奪取が容易でないかもしれないこと，ロシア経済の成長が鈍化しアップセリングが急速に進展しないかもしれないこと，市場拡大に伴う市場価格のさらなる下落があるかもしれないことが挙げられる。機会と脅威は表裏一体であ

る。脅威を機会に変換できるよう自社の強みを強化することが重要である。機会は他社にとっても機会である。他社に先んじて機会を活用することが重要である。

今後, ロシアで顧客に密着したサービスで競争優位を獲得するのであれば, 現地に販売子会社を設立するのが必要である。

一方, 現地法人を設立しても, 広大なロシアの地方にまで商品を流通させるには, 直接取引は効率が悪く不可能である。直接取引と並び, 自社のディストリビューターやディーラーをうまく活用していかなくてはならない。とりわけロシア極東や東シベリアのような人口まばらな場所には積極的にディストリビューターを利用していかなくてはなるまい。

ロシアで販売子会社を設立するのは, 販売リスクのみならず, ロシアのグレーな通関制度の恐れというリスクがある。その点については, 次章で論ずる。

【参考文献】

Kotabe, M. & Helsen, G. (1990) *Global Marketing Management*, 2nd ed., John Wiler & Sons（横井義則監訳『グローバル・ビジネス戦略』同文舘出版）.

Lieberman, M. B. & Montgomery, D. B. (1988) "First Mover Advantages", *Strategic Management Journal*, Vol.9, pp.41-58.

Peppers, D. & Rogers, M.(1993) *The One to One Future: Building Relationships One Customer at a Time*, Currency Doubleday（ドン・ペパーズ, マーサ・ロジャーズ, 井関利明監訳, ベルシステム24訳『One to One マーケティング：顧客リレーションシップ戦略』ダイヤモンド社, 1995）.

浅川和宏（2003）『グローバル経営入門』日本経済新聞社。

大石芳裕（1995）「日本企業の国際マーケティングの特質」『日本企業のマーケティング』大月書店。

――（2001）「グローバル・マーケティングの現代的課題：ブランドとIT：アマゾン・ドットコム」近藤文男・陶山計介・青木俊昭編著『21世紀のマーケティング戦略』ミネルヴァ書房。

コトラー（2002）『コトラーのマーケティング・マネジメント　基本編』(恩蔵直人監修,

月谷真紀訳）ピアソン・エデュケーション。
小山洋司（2004）『EUの東方拡大と南東欧：市場経済化と小国の生き残り戦略』ミネルヴァ書房。
近藤文男（1999）「東芝の対米輸出マーケティング」近藤文男・若林靖永編著『日本企業のマス・マーケティング史』同文舘。
嶋口充輝（1994）『顧客満足型マーケティンングの構図』有斐閣。
平成14年，15年コニカ有価証券報告書。
平成14年，15年ミノルタ有価証券報告書。
平成16年，17年コニカミノルタ有価証券報告書。
コニカミノルタホームページ（http://konicaminolta.jp）。

第5章

日本企業の対ロシア輸出
マーケティング・チャネル戦略の変化※

1. 好調続くロシア経済

　ロシア経済は，1998年の金融危機の発生により，GDP成長率は－4.9%になった。その後，ルーブルの切り下げによる輸入代替と輸出産業の活性化，政府・中央銀行の緊縮財政，通貨政策の維持，99年からの石油輸出価格の高騰により回復し，99年には5.4%と再びプラス成長を達成した。2003年には前年比7.3%と高い伸びを示し，1999年から5年連続のプラス成長を実現した。輸出も99年からの石油価格の高騰のほか，天然ガス，非鉄金属，鉄鋼などの国際市況に助けられ，98年の輸出金額744億ドルから2003年には1,354億ドルへとほぼ2倍の伸びを記録した。ロシア国家統計委員会によると2004年2月末の金・外貨準備は864億ドルを記録し，2003年の年間輸入金額754億ドルを超える水準に達し，好調が続いている（Volkov 2004）。

　ロシア経済はプーチン政権下での政治・社会情勢安定と市場経済浸透を背景に，雇用・所得環境が好転し個人消費が高い伸びを続けており，特に，大都市を中心に消費ブームが起きている。ロシアの人口は約1億4,600万人で，世界銀行の推計によると1人あたりGNI（国民総所得）は2,140ドル（2002年）だが，購買力平価でみると1人あたりGNIは7,820ドルにもなる。ロシア市民は数字の見かけほど貧しくない。特に全国民の5～10%を占めるといわれる高額所得

※　本章作成にあたり，三菱重工業，ダイキン工業株式会社，アマダ，横河電機株式会社，松下電器産業株式会社，オリンパス光学工業株式会社，キヤノン，リコー，コニカミノルタ，日立製作所のロシア御担当者，コマツIRグループ御担当者より多大なるご協力を賜りました。記して御礼申し上げます。

者層やヨーロッパの一国に相当するモスクワ市や州における消費意欲は旺盛であり，中間所得者層が育ちつつある。

一方で，外国からの対ロシア直接投資はロシアの経済規模からみて低い水準にある。UNCTADの『World Investment Report 2003』によると，2002年末現在で，ロシアへの直接投資の累計額（22,563億ドル）は，ハンガリー（24,416億ドル），ポーランド（45,150億ドル），チェコ（38,450億ドル）よりも少なく，世界（7,122,350億ドル）のわずか0.3％を占めるにすぎない。また，2003年末の対ロシア直接投資額はロシア国家統計委員会によると，262億3,100万ドルで，このうち，日本は13億5,300億ドルでわずか5％を占めるにすぎない。このように日本企業は直接投資では積極的とはいえない。だが，対ロシア輸出戦略を活発化させてきている。2003年のロシア向け輸出額は，日本側通関統計によると1,762億円で，これは2002年（942.5億円）のほぼ2倍であった。この水準は1998年に発生したロシア金融危機直前のそれを上回っている。

日本企業は98年の金融危機で大きなダメージを受けたが，その後，規模を縮小しながらロシア市場から完全に撤退せず市場としてのロシアの潜在性を認識しながら回復を待ってきた。日本企業はロシアを成長市場と位置付け，ロシアでの事業拡大を目指すようになっている。ロシアには長年にわたる投資不足による潜在的な設備投資需要があるうえ，多額の貿易黒字を抱え資金がある。資源・エネルギー関連産業のほか，建設資材や食品加工など老朽化した設備更新など，生産財市場は潜在的な需要が急速に顕在化しつつある。エネルギー資源開発やモスクワなどの都市部でのインフラ整備が活発になっているのに加え，現地の家電の生産増などで建機や工作機械の需要が伸びている。また，高品質・高機能の製品を求めるロシア企業が増えつつあり，設備の対ロシア輸出を図る日本企業に追い風となった（日本経済新聞 2003年8月23日）。相次いで現地に販売子会社を設立し，きめ細かいサービスを展開するようになっている。

21世紀は，世界の最適地に生産子会社や販売子会社を作り，そこで生産された製品を世界中で販売する**グローバル・マーケティング**が支配的になっている。国内で生産し外国へ輸出する形式の**輸出マーケティング**はそのなかに内包され

ている。日本企業の対ロシア市場戦略はグローバル・マーケティングを展開するなかで，世界中にある生産拠点で製造された製品を，ロシアへ輸出していると捉えることができる。

本章では，こうした文脈において，日本企業がどのように対ロシア市場戦略を変化させてきたのかについて，主としてチャネルの視点から分析を行う。こうした視点から分析を行うのは，現地の流通業者らとの結びつきをはじめとした流通チャネルの開拓が現地市場拡張のための前提になるからである（近藤2004参照）。流通チャネルを開拓できなければ輸出を増加させることはできない。グローバル・マーケティングにおいてはチャネル戦略の成否が輸出増加のカギを握ると言っても過言ではない。また，輸出マーケティング・チャネルがどのように変わってきたのかを分析することにより，企業の当該市場への戦略の変化や，当該市場の何が直接投資を妨げているのかがわかるからである。

2．輸出方式

輸出方式には第2章で論じたように，間接輸出と直接輸出がある。

間接輸出と直接輸出

商社などの貿易会社を経由する輸出方式が**間接輸出**である。間接輸出は，資源投入量が小さい，商社からロシア市場の専門的な知識や技術を習得することができる，市場から撤退する時に簡単で，損失が少ないなどの利点がある。その反面，メーカーは自社製品のロシアでの販売方法に関して統制することがほとんどできない。したがって，適切な販売支援ができず，価格決定力もない。現地の流通業者への販売指導やサービス支援を直接行えない。それゆえ，流通業者の販売力が弱くなり，売上が少なくなる。だが，投入資源は小さいため，間接輸出は市場を試す足がかり戦略とみられている。製品に対する需要ができれば，メーカーは間接輸出から直接輸出による参入方式に変更する。

直接輸出は，商社のような中間業者を通さずに，メーカーが直接，海外の顧客に対して輸出取引を行うことを指す。海外の顧客は独立した**代理店，販売店**

(ディストリビューター) あるいは企業の海外販売子会社のいずれでもよい (Johansson 2000)。

(1) 代理店と販売店

このうち，**代理店** (agent) は，北川・柏木 (1999) によると，海外のメーカーのために，メーカーの製品の販売の仲介，媒介または代理を行う商人である。代理店は契約の当事者にはならないので，製品の売買契約上の責任は負わない。取引が成立した時点で，メーカーから仲介手数料を取得する。メーカーからみると，自社の固定資本を投下することなく，手数料ベースで外国に販売網をもつ商人を利用できる。かつ，本人（＝メーカー）の名において取引することができる。代理店の場合の製品の販売契約は代理店が媒介した顧客とメーカーとの間の直接の契約となるので，製品の代金回収のリスクはその顧客の信用力の問題となる。

一方，**販売店** (distributor) は，自己の勘定で商品をメーカー等から買い入れこれを所有し，自分のリスクで在庫として売りさばく。メーカーは製品を販売店に売却するので，製品の代金回収リスクは販売店の信用力に依存する。

取引実務に従事する人たちは，**代理店** (agent) と**販売店** (distributor) を区別せずに「代理店」と総称しているので注意を要する（北川・柏木 1999）。

●代理店と販売店の違い

代理店は，通常在庫をもたずに注文の仲介をするだけであるから，資金力をもたない小さな商人でも代理活動をすることができる。そのため，代理店を探しやすい。販売店は商品を買い受けるので，ある程度の資金力と販売が失敗した場合のリスクを取る能力が必要である。それゆえ，販売店より代理店の方が起用はしやすい（北川・柏木 1999）。だが，代理店の方が販売店よりもメーカーの統制下にある。また，代理店の場合はメーカーが在庫をもったままであるが，販売店の場合は販売店が在庫として売りさばく。その意味では販売店の方がメーカーにとってはリスクは小さい。

(2) 販売子会社

販売子会社は，メーカーが100％出資して，あるいは合弁で現地に販売のための子会社を現地法人として設立する形態である。100％出資の場合，統制ができるメリットがある。

3．流通チャネル

マーケティングの原則は，できるだけ最終需要家に接近することにある。それは最終顧客のニーズを探り何が問題点であるのかという情報を自社の流通チャネルを通じてフィードバックすることが必要だからである。最終小売価格の管理，販売促進活動の積極化，アフターサービスの改善，物的流通の効率化などを通じて，自社の「販売の完結」（竹田 1985）を可能にするシステムを作り出すことができるからだ。「**販売の完結**」とは自社で最終需要家へ販売することを意味する。これにより，自社ブランドの自社販売という長期的マーケティングを実施することができる。これによって，マーケティング・イノベーションへとつなげることができるからだ。

直接チャネルと間接チャネル

メーカーから最終需要家に至る取引関係の連鎖を**流通チャネル**という。流通チャネルにはメーカーと最終需要家が直接取引を行う**直接チャネル**とメーカーと最終需要家の間に卸売業者や小売業者などの中間業者が介在する**間接チャネル**がある（図表5－1）。直接チャネルではカタログやテレビなどを媒体にした通信販売や，販売員の直接訪問による訪問販売がある。間接チャネルには，**市場システム**と**垂直システム**がある（渡辺 2004）。

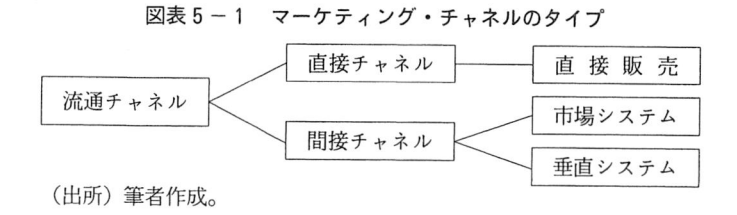

図表5－1　マーケティング・チャネルのタイプ

```
                    ┌─ 直接チャネル ── 直接販売
流通チャネル ──┤
                    └─ 間接チャネル ─┬─ 市場システム
                                       └─ 垂直システム
```

（出所）筆者作成。

(1) 市場システム

市場システムは，**伝統的マーケティング・システム**である。これは，独立した生産者，卸売業者，小売業者で構成されている。それぞれが別個の事業者で，その目的がシステム全体の利益を減少させることになっても，各自が自分の利益を最大化しようとする。いかなるチャネル・メンバーも他のメンバーを統制することはない（コトラー 2002）。これが図表5－1の間接チャネルの**市場システム**である。

(2) 垂直システム

垂直システムは，生産者，卸売業者，小売業者が統合されたシステムとして活動する。チャネルをシステムとして統合し管理する者，つまり**チャネル・キャプテン**が存在し，チャネルを統制する。このようなシステムを**垂直的マーケティング・システム**（Vertical Marketing System：VMS）という。VMSのチャネル・キャプテンは生産者，卸売業者，小売業者のいずれの場合もある。VMSは，強いチャネル・メンバーがチャネル行動を統制し，独立したチャネル・メンバーが自分の目的を追求するために起こるコンフリクトを排除しようとした結果，生まれた。ブランド品を取扱うメーカーにとっては，現地の流通事業を考慮しつつ，自社がチャネル・キャプテンとなり効果的な統制のできるチャネル・システムを構築する必要がある（中野 1997）。チャネル・メンバーは規模，交渉力，重複サービスの排除によって経済効果を達成する。VMSのタイプには企業型，管理型，契約型の3つがある（コトラー 2002）。

① **企業型VMS**（corporate VMS）

企業型VMSは1つの所有権の下に生産から流通までの一連の段階が結合されているチャネルを形成するタイプである。メーカーが出資して販売子会社を設立する場合が該当する。このように，販売機能を自社の傘下に置き，内部化することを**垂直統合**という。垂直統合は，チャネルを高い水準で統制したい企業が好む。企業型VMSでは，チャネルはチャネル・メンバー間の目標が共通

第5章 日本企業の対ロシア輸出マーケティング・チャネル戦略の変化　●─── 105

化され，内部組織と同様に権限と命令によって運営される。しかし，チャネルの形成や維持に要する投資コストが大きい。また，取引関係が固定化されるため硬直的な組織となり，環境変化に対応できなくなる恐れがある。

② 管理型VMS（administered VMS）

　管理型VMSは，チャネル・リーダーが，独立した他のチャネル・メンバーを厳格な契約によらずに組織化し，自社のマーケティング目標に沿って管理・統制するタイプである。販売店や代理店制度が代表的な例である。メーカーが卸売段階に関して，販売地域ごとに販売店を選定し，自社商品の優先的販売権を与え，目標販売数量，ディストリビューターやディーラーに対する支援策，代金の決済方法などについて契約する。**ディストリビューター**が卸売段階の販売店であるのに対し，**ディーラー**は小売段階の販売店である。

　小売段階は，ディストリビューターが主体となり，できるだけ多くのディーラーを販売先として開拓・確保し，簡単な取引契約を締結して商品を供給する。メーカーの販売促進策や**ディーラーヘルプ**（小売販売店支援策）は，主としてディストリビューターを経由して実施される。また，メーカーが直接ディーラーに働きかけることもある。有力なブランドを製造しているメーカーは，ディストリビューターやディーラーから強い協力と支援が得られる。

　管理型システムは，チャネル・リーダーであるメーカーにとって最もコストのかからない組織化の方式である。だが，その分，ほかのチャネル・メンバーに対する統制力は弱い。チャネル内の目標の共通化は限定的で非公式的である。そのためチャネル内での目標の不一致や利害の対立が生じることがある（渡辺2004）。

③ 契約型VMS（contractual VMS）

　契約型VMSは，特定の商品や経営技術・ノウハウを有する企業（本部）が，独立した企業（加盟店）との間で，共通目標の確立，商品や経営技術・ノウハウの提供方法，利益の配分方式などに関する厳密な契約を締結し，チャネルを

形成する。フランチャイズチェーンやボランタリーチェーンが代表的な形態である。

独立自営業者（店舗のオーナー）が独立性を維持しつつ，共同で出資した本部をつくり，仕入・広告・物流などを一括するのが**ボランタリーチェーン**である。**フランチャイザー**（本部）が統一した商標のもとに特定地域での販売権を与え，**フランチャイジー**（加盟店）からの対価（加盟金やロイヤルティー）の見返りに，組織づくり，仕入・陳列・販売・経営等について継続的に支援する仕組みが**フランチャイズチェーン**である。店舗や従業員は加盟店に帰属するが，その独立性は契約内容により異なる（井原 2001）。

フランチャイズチェーンの方が本部と加盟店の契約関係が厳格で，本部の統制力が強いため，店舗運営や品揃えの標準化が徹底しており，内部組織的な運営がなされている。その反面，加盟店の自主性はより強く制約されている。ボランタリーチェーンは，本部の統制力が相対的に弱く，目標の共通化の範囲も限定的である。その分，加盟店の自由度は高く，組織としての柔軟性は高い（渡辺 2004）。

4．取引費用と流通チャネルの選択

上述のように，流通チャネルにはいくつかのタイプが存在する。それぞれの流通チャネルは，輸出マーケティング・チャネルの観点から，どの形態に該当するのであろうか。輸出マーケティング・チャネルとは，輸出マーケティングを行ううえで利用されるチャネルと定義する。**輸出マーケティング**が対象とする製品は，本国で生産された製品のみならず，第三国における子会社で生産された製品をも含む（近藤 2004）。すなわち，世界中の生産拠点で生産された製品が，ロシア市場へ輸出される際にどの取引形態がどの VMS に該当するのかという問題である。

輸出形態と取引費用

販売子会社の設立は販売機能を組織内に取り込み内部化することを意味する。

販売子会社設立には資源投入量が大きいが，チャネル・リーダーの統制力が強く，取引費用が小さい。**取引費用**とは，製品・サービスの取引に伴い取引参加者が負担する費用をいう。それには取引相手を探す費用，交渉する費用，契約を締結する費用，契約実行を監視する費用から成り立っている。

完全所有販売子会社の設立では，利益はすべて自社に入り，マーケティングを思い通りに決定し，管理運営することができる。現地市場への強い肩入れのシグナルを送ることにもなる。さらに当該地域での自社の資産を統制し，競合他社の動向や主な変化を監視することができる。また，市場変化に迅速に対応でき，顧客ネットワークを構築し，よりよい顧客サービスを促進することが可能である。

販売子会社の設立は営業サービス拠点の直営化を意味する。直営化により顧客と安定的な関係を築き，顧客から情報収集を行い，顧客の問題解決に先行的に提案するような技術革新を行い，生産・開発する顧客密着型戦略が可能になる。これは技術水準だけによるものではなく，その迅速性や改良の柔軟性を含む。顧客との安定的な関係は，先行的な技術革新のリスクを引き下げるとともに，合理的投資によるコストダウンを可能にする（高嶋 1993）。これも企業型VMSのメリットである。

間接輸出は市場取引である。1回限りの取引であり，チャネルへの投資費用はゼロである。チャネル・メンバーの組織化を伴わない。その代わり，リーダーの統制力はなく，取引費用も大きい。

契約型VMSや**管理型VMS**は，市場取引と内部組織取引との間の中間領域に位置する，**中間組織**である。内部組織取引に近づくほど，取引の頻度は高まり取引関係は強化される。取引関係が強化されると，信頼関係が深まり，取引費用は低下する。

市場取引に組織取引的な要素を導入し取引関係を強化するには，専任の営業担当者などの人的資源や専用の物流システムなどの物的資産など，特定の取引先との間だけの関係に関与する，**取引特殊的資産**が必要となる。取引特殊的資産の形成には，投資費用が必要となり，内部組織取引ほど負担は大きくなる。

取引特殊的資産には，ほかに転用できないものが多く含まれるので，**サンクコスト**（埋没費用）となり，取引当事者をその取引関係に閉じ込める傾向にある。このため，取引当事者は関係の継続を望み**機会主義的行動**は抑制される。**機会主義的行動**とは，個人的利益の増大のためには虚偽や，不利な要素を隠したり，裏切ることもある行動を指す。

ディストリビューターの利用は**中間組織**であり，管理型VMSとみなせる。その長所は，**関係構築**の費用や統制のための費用が小さい，環境変化への適応力が高い，チャネル・メンバーの自律性や意欲が高いなどの点にある。だが，権限と命令に基づいていないので，チャネル・メンバーである，ディストリビューターやディーラーらを一定の目標に方向づけるためのコストや，チャネル・メンバー間の利害調整の費用がかかる。取引費用も機会主義的行動の可能性も大きい。

代理店取引も，中間組織であり，管理型VMSである。この点は，ディストリビューターと同じである。だが，ディストリビューターはメーカーとの直接売買契約であるのに対し，代理店はメーカーの名において取引を仲介するものであり，製品の売買契約は代理店が媒介した顧客とメーカーの契約になる。このため，ディストリビューターと比べ，代理店取引は，リーダーとしてのメーカーの統制力はより大きい。だが，メーカーにとってはディストリビューターよりも資源投入量は大で，販売子会社よりも小さい。一方，取引費用はディストリビューターへの輸出よりも小さく，機会主義的行動の可能性も小さい。

以上をまとめると，図表5－2のようになる。

第5章　日本企業の対ロシア輸出マーケティング・チャネル戦略の変化　109

図表5-2　市場システムと垂直的マーケティング・システムの特徴

間接チャネルの類型	垂直的マーケティング・システム			市場システム
間接チャネルの種類	企業型VMS	契約型VMS	管理型VMS	市場取引
取引形態	販売子会社へ輸出	フランチャイズ等	代理店取引	ディストリビューターへ輸出	間接輸出
組織	組織	中間組織	中間組織	中間組織	市場取引
リーダーの統制力	大	中	中小	小	なし
戦略の長期性	長期的	中期的	中短	短期的	なし
資源投入量	大	中	中小	小	ゼロ
戦略変更の柔軟性	低	中	中高	高	極高
取引費用	小	中	中高	大	極高
垂直統合	大	中	中小	小	なし
機会主義的行動の可能性	小	中	中大	大	極高

（出所）筆者作成。

　以下に，主要な日本企業の対ロシア市場戦略を主として輸出マーケティング・チャネル戦略の観点から検証する。日本企業は輸出形態と輸出マーケティング・チャネル戦略をどのように変化させてきたのであろうか。それがマーケティング戦略上どのような意味があるのだろう。以下に14社の事例を検証する。

5．日本企業の対ロシア市場戦略

事例1　三菱重工業

　三菱重工業は1884年に創立された日本最大の総合重工業会社である。主たる製品は，産業機器，航空宇宙，原動機，船舶，汎用機・特車，紙・印刷機械，鉄鋼建設，機械などである。

　同社は，ロシアで工作機械や射出成型機，プラントなどの営業体制を強化しようとしている。ロシアでエネルギー中心だった産業基盤が自動車などの製造業にも広がり始めたため，ロシア市場を米国，中国などと並ぶ重要戦略市場と

位置づけている。営業活動の中継地点となる現地事務所を順次増強するなどして，現在30億円前後のロシアでの売上高を5年で300億円に引き上げる計画である。先行して動き出したプラント事業部門では，自動車や住宅などの塗料の原料となるアクリル酸エステルの製造設備を，ロシア石油大手ルークオイル傘下のアクリラト社から15億円で受注した。1991年のソ連崩壊以降にプラント受注したのは初めてで，今回の受注をきっかけに化学分野への進出を加速しているルークオイルとの関係強化を目指している（日本経済新聞2003年8月23日）。プラントは商社を通じた間接輸出を行っている。

　一方，工作機械やエアコンなどの量産品はディストリビューターの数を増やし需要を掘り起こしている。世界最大のガス会社であるガスプロムに向けたコンプレッサーなどの機器供給が，同社のロシアビジネスにとって重要な位置付けにある。ロシアの新聞社への印刷機の販売など小規模案件でも実績を上げている。三菱重工業モスクワ駐在員事務所の大内宏明所長はこうした着実な販売実績を踏まえ，ロシア市場を「リスクはあるが，これから伸びていく市場」と評価している。同社は，工作機械，フォークリフト，発電機などの品目別にディストリビューターを分けており，「1億円以下の小さな案件のビジネスチャンスがある」と述べている（ジェトロセンサー2003年7号）。工作機械やエアコンは日本本社から自社で直接ロシアのディストリビューターへ輸出している。

事例2　ダイキン工業

　ダイキン工業株式会社（DAIKIN INDUSTRIES,LTD.）は，1951年日本で初めてエアコンを開発して以来，空調技術でリードしてきた会社で，空調・冷凍機が売上高の79.3％を占める（2003年）。

　同社はダイキン・ヨーロッパ内にロシア・チームを設立した。ロシアに複数のディストリビューターをもち，販売や販促活動を行っている。近い将来駐在員事務所の設立も検討しており，販売店との合弁もあり得る。同社にとってロシアは非常に重要な市場である。ロシアでの販売は伸びており，1999～2002年の平均（年率）において金額ベースで約120％，台数ベースで130％の伸びを続

第5章 日本企業の対ロシア輸出マーケティング・チャネル戦略の変化 ● ── 111

けている。市場規模は，2002年の小型ルームエアコンの販売台数は40万台程度，前年比で約25～30％の伸びを記録した。台数ベースでみると，欧州ではイタリア100万台，スペイン60～65万台に次いで，ロシアは第3位，第4位はギリシャとなっている。小型ルームエアコンの市場として，ロシアは今後非常に魅力的である。今後はビル用空調機をもっと戦略的に販売していきたいと考えている。欧州市場販売強化策のなかで，ロシア市場の拡販を実施する予定である。大型・小型のルームエアコンを含め，空調機全体の売上（金額ベース）は，欧州内では，イタリア，スペイン，英国，フランス，ロシアの順になっているが，この先3～5年で，ロシアは英仏を追い抜くかもしれない（ジェトロセンサー 2003年7月号）。

　商流・物流は次の通りである。まず，日本のダイキン本社とヨーロッパ・ダイキンが商品の売買契約を結ぶ。次に，ヨーロッパ・ダイキン（ベルギー）とロシアのディストリビューターが売買契約を結ぶ。その後，ロシアのディストリビューターがヨーロッパ・ダイキンに対して支払いをする。物流はタイの工場で生産したエアコンなどをヨーロッパ・ダイキン（ベルギー）経由でロシアへ輸出されている。

事例3　アマダ

　株式会社アマダ（AMADA CO.,LTD.）は1948年5月1日設立された金属加工機械企業である。代表的な製品は，鍛圧・板金加工機械（金属板を切断し，穴をあけ，曲げる機械），切削・構機機械（鉄骨などを切断し，穴をあける機械）である。

　同社は2003年9月25日，モスクワに現地法人「Amada O.O.O.」を設立した。資本金7,300,000ルーブルはアマダのドイツ子会社Amada GmbHから100％出資された。人員は6人程度で始め，2005年に20人程度まで増員する計画である。主たる業務内容は，金属加工機械の販売・サービスである。アマダはフランスにも生産拠点があり，日本で生産された製品の他，そこで生産された製品がロシアへ輸出されている。2002年には4億円強だったロシア向け販売額を

2005年に14億円程度まで増やす計画である。ロシアでは電気製品や建築材料などの部品加工用に板金機械などの引き合いが強まっており、「現地の流通在庫を増やすなど販売体制を拡充し顧客開拓を急ぐ」と岡本満夫社長は述べている（日本経済新聞2003年7月5日）。

アマダ海外戦略室によると、ロシア（その当時はソ連）へ参入した当時は商社経由の間接輸出で輸出を行ってきた。その後、ドイツの販売子会社から販売活動を直販でやるようになった。今でもロシアでの顧客への商品契約、輸出はAmada GmbHが担当しているが、ロシアに販売子会社Amada O.O.O.を設立したことにより、顧客販売サービス対応活動がより充実された。

事例4　ファナック

ファナック株式会社は、創立以来今日まで「FAとロボット」の強力な開発力を基盤に発展を続けてきた企業で、同分野では、世界最大の総合メーカーである。

ロシア市場へは、三井物産と折半出資し2003年1月にファナック三井オートメーションCIS（「FANUC MITSUI AUTOMATION CIS LLC」）をモスクワに設立した。主たる業務内容はロシアに納入済みのファナック社製金属切削機械のアフターサービスのほか、CNC、ロボット、ロボマシン、レーザーの販売とサービスである。サービス地域はリトアニア、ラトビア、エストニアを除く旧ソ連の国々である。納入済みの機械は数千台にのぼり、スペアパーツの需要を見込むとともに、新規販売も狙う。自動車部品などの加工需要拡大を視野に、工作機械用のCNC（コンピュータによる数値制御）装置や射出成型機、産業用ロボットを売り込む。5年以内に15億円以上の売上を目指している（日本経済新聞 2003年7月5日、ジェトロセンサー 2003年7月号）。

事例5　横河電機

横河電機株式会社（Yokogawa Electric Corporation）は、世界的な計測機器メーカーである。横河電機が、海外展開を積極的に開始したのは70年代後半

第5章　日本企業の対ロシア輸出マーケティング・チャネル戦略の変化　●——113

で，巨大かつ有望な市場としてロシア（旧ソ連）にも注目し，84年に社内にプロジェクトチームを結成した。ロシア市場の魅力は，石油・天然ガスをはじめとした鉱物，森林など豊富な天然資源を有し，それらを一次加工・精製する素材産業のプラントが多数存在すること，さらに，それらのプラントのほとんどが60〜70年代に建設されたもので老朽化が激しく設備更新需要，新規投資が見込まれることにあった。ロシアの多くの企業では国産の旧式の計器が利用されており，効率性や最適性からは程遠い状態である。横河電機の製品はこうした国産品に比べ，価格は高いが，高品質でかつ納入後は現地法人によるメインテナンス・サービスで手厚くサポートされている。このため，ユーザーは導入した製品のライフサイクルを最大限に伸ばすことができ，初期投資回収が容易になるなどのメリットがある。

　同社は，ロシア（モスクワ）に，97年4月1日から現地販売サービスの法人「ヨコガワ・エレクトリック（ロシア）（Ltd.Yokogawa Electric）」を設立した。資本金78万3,000ドル相当ルーブルで，出資者は横河電機本社100％である。事業内容は，プラント向け制御システム，工業計器，計測器の販売・エンジニアリング・トレーニング・メインテナンス・サービスである。横河電機の主な製品販売先は，石油・天然ガス，石油化学・化学肥料メーカーなどである。横河電機のビジネスもこれらのメーカーの高業績化に伴い，99年から回復し2002年にいたるまで伸び続けている。ロシア人は日本製品に対し，品質も価格も高いという概念をもっている。ロシアのユーザーは常に高い技術に関心があるが，現実には価格重視のローエンド市場である。製品のイニシャルコスト（初期導入費用）よりも，製品の信頼性・耐久性やアフターサービスの提供といった日本メーカー本来の強みをユーザーにアピールすることで，欧米企業や国産メーカーと差別化していく（ジェトロセンサー　2003年7月号）。

　同社のロシア営業担当者によると，現地法人設立前はプラント・メーカーや商社経由で輸出をしてきた。現地のディストリビューターはもたず，駐在員事務所だけをモスクワに構え，輸出業務はすべて商社経由で行ってきた。現地法人設立後は自社で輸出を行うことも可能となった。また決済通貨をルーブルと

したことより柔軟な支払い条件での対応が可能となり，これはロシアの顧客への大きなメリットとなっている。現在，同社はロシアに現地法人のディストリビューターを20社有している。これは，モスクワから遠い地域はディストリビューターでカバーしないと効率的なビジネスができないためであるという。

　横河電機がロシアへ輸出しているのは，「コントロール・システム」などのような企業向けの生産財である。横河電機が直接ロシアの企業へ輸出することもあれば，他国の企業が受注したプラントにサプライヤーとして参画することもある。後者の場合，横河電機の世界にある生産拠点から当該国へ輸出され，そこで組立ててロシアへ輸出することもあれば，直接，横河電機の生産拠点からロシアへ輸出しロシアで組立てる場合もある。後者の場合は，「ヨコガワ・エレクトリック（ロシア）」は商流・物流ともに直接的には関与してはいないことになる。しかし，実際にはロシアのメーカーとの交渉や，納入後のきめ細やかなアフターサービスやトレーニングなどで，横河電機の連結決算の最大化に寄与している。「ヨコガワ・エレクトリック（ロシア）」の重要な役割は，アフターサービスやトレーニングを充実させリピーターを増やすことにもある。

事例6　コマツ

　コマツ（登記社名：株式会社 小松製作所）は建設機械の日本最大手のメーカーである。同社は世界各国に現地法人，事務所を展開しており，世界中でディストリビューターやディーラーを通じ，建設・鉱山機械の販売・サービスを行っている。それぞれの地域における顧客ニーズに応えるため，グローバルな販売・サービス体制を取り，ワールドワイドなネットワークを最大限に活用している。

　ロシアでは98年からイワノヴォ州で，ロシア企業と折半出資する合弁企業において，油圧ショベル用部品（板金構造物）を製造している。同社は，ロシアを注目市場と位置付けており，広大なロシアをカバーするため，現在の地元企業12社による販売店網を整備，拡充している。モスクワ事務所の田島光治所長は，大型機器の販売強化と地方への展開で「今は攻めの時」と述べている。事務所内には，販売店への啓蒙と教育のためのトレーニングセンターを設置して

第5章　日本企業の対ロシア輸出マーケティング・チャネル戦略の変化 ●——— 115

いる。また，顧客への素早い対応ができるように，これまでは現地事務所を通じ商社経由で営業していたが，ロシア地域の建機・部品販売を統括する現地法人，コマツ・シー・アイ・エス（登記上の本社は東京）のモスクワ支社を開設し，2003年8月から業務を始めた（日本経済新聞2003年7月5日，同年8月23日）。コマツ・シー・アイ・エス㈱（KCIS）はロシア欧州地域における建設機械・部品の販売のために，1997年12月12日に東京に設立された。この会社は「コマツ・パーツ・シー・アイ・エス」というCIS市場向けの部品販売，およびマーケティングの統括を事業内容とする会社が改称し，設立されたものである。従業員数13名，資本金2,000万円，出資比率コマツ100％である。同社は登記上の本社を日本（東京）に置いており，モスクワの事業所は同社の支社という位置付けになっている。モスクワ支社を設立した一方で，従来通りの商社経由のビジネスも継続して行っている。これは取扱う商品や客層が違うからである。従来からの商社を介したビジネスは，CIS各国の政府や旧国営企業，その他個人顧客でも極めて規模の大きな企業向けの大口案件で，取扱う商品自体も大型機種が中心である。これに対し，コマツCISモスクワ支社でカバーするのは，都市経済発展に伴い，ロシア等の都市部で活発化してきた一般消費者向けのより小さな商品の販売・マーケティングである（コマツ・コーポレートコミュニケーション部IRグループ）。

事例7　ホンダ

　ホンダは1992年にロシアに駐在員事務所を開設し，情報収集活動を行う一方，日本や英国から多目的スポーツ車（SUV）「CR-V」などを輸出し，ロシア国内の10の特約店を通じて販売してきた。

　2004年4月18日，ロシアに自動車などの輸入販売を行う販売子会社「ホンダ・モーター・ルス」（モスクワ市）を全額出資で設立した。ロシアの2003年の自動車市場は前年比3割増の約120万台で，今後も急成長が見込めると判断し，現地法人を通じて物流やアフターサービス，広告宣伝などを総合的に展開，販売力を強化する戦略である。資本金は3,000万ルーブル（約1億1,000万円）で，従

業員数は約30人。四輪車に加え，二輪車や汎用製品の輸入販売も行う。今後は現地法人が輸入業務を担当し，既存の特約店がディーラーとなり，販売網を拡充していく。ホンダの2003年のロシアでの販売台数は3,574台で，2004年は前年比34％増の4,800台を計画している（日本経済新聞 2004年4月22日）。

事例8　松下電器産業

　松下電器産業株式会社（Matsushita Electric Industrial Co., Ltd.）は，1918年に創業された日本を代表する総合エレクトロニクスメーカーである。松下電器産業の使命は，生産・販売活動を通じて社会生活の改善と向上を図り，世界文化の進展に寄与することにある。海外事業展開にあたっても，その国の発展の役に立ち，喜んでもらえることを第一義としている。

　松下電器産業株式会社は，1986年にモスクワに駐在員事務所を開設した。その後，1997年にCIS諸国へのパナソニック製品の販売のため，販売子会社「パナソニックCIS㈱」をフィンランドに設立した。相沢俊行パナソニックCIS㈱モスクワ事務所所長によると，モスクワ事務所は，バルト3国以外をカバーしている。売買取引自体はフィンランドで行われており，モスクワ事務所はロシア国内に入ってきた商品の宣伝やサービス活動などのマーケティング活動をしている。売上は1997年がピークで2002年においてようやくその6割まで回復した。1997年の売上が6.5億ドル，2002年のそれは4億ドル強である。製品は日本，東南アジア，中国，欧州から輸入しており，東南アジアからの輸入が一番多い。輸送ルートはヘルシンキ経由である。

　ロシアでビジネスをするにあたって問題点は，ブローカーが税関と一緒になってやっていたり，申告が不正確な点にある。同社としては販売子会社を設立しよりきめの細かい営業活動をしていきたいが，一定のルール，すなわちいつ，だれが，どこで通関しても一律のコストがかかるという仕組みになっていないので，そういう仕組みが出来上がるまでは同社がロシアに入るわけにはいかないという。税制が変わりやすいのも問題だという。パナソニックCIS㈱が取引をしているロシアのオフショアの会社は50社程度であり，それらがロシアの会

社に売って輸入されている（ロシア東欧貿易調査月報2003年4月号）。

同社におけるロシア市場の位置付けは，松下電器産業株式会社CIS中近東アフリカ本部販社グループマネージャー横川亘氏，企業グループ企業担当副参事郷原昭雄氏によると，伸び率でいえばロシアは中国に次ぐ勢いである。同社全体としても，世界のなかでロシアが重要市場である。消費ブームで，パナソニック・ブランドの商品もテレビ，オーディオ，電話，FAXなどがよく売れている。2000～2002年では前年比で毎年20％程度の伸びが続いてきた。高付加価値商品，DVDレコーダー，デジタルムービーカメラなど新商品を市場に投入し韓国企業からシェアを奪い返すつもりである。また，ソフトの付加価値を加えた製品をユーザーに提案していくつもりであるという。店舗，空港，駅などでのプラズマディスプレイ（PDP）の需要があり，複数のPDPに同時に映像を流したり，時間ごとに違う内容を表示したりする制御システムを提供している。ほかに携帯電話の着信メロディーをダウンロードできるサービスも提供している。このようにパナソニック製品を買うと，こういうサービスが受けられるとユーザーに提案し，ロシアで自社ブランドを強化している。個人所得税が一律13％，企業利潤税（法人税）が24％に下がったことが消費にプラスに働いており，一般消費財の販売の追い風になっている。だが，法律の運用面と執行面に不透明な部分が残っており，ロシアに販社を設立するのは，早い（ジェトロセンサー 2003年7月号）。

だが，急拡大するロシア市場に対してマーケティング活動を行ううえで，オフショア・ビジネスだけでは困難である。このため，市場の変化やニーズに迅速に対応すべく，2004年モスクワに「パナソニックCIS」傘下の「パナソニックロシア（Panasonic Russia）」というマーケティング会社と「パナソニック・ソリューション・エンジニアリング・ロシア（Panasonic Solution Engineering Russia）」という官公庁，空港，法人向けのソリューション案件を担当する会社をそれぞれ設立した。「パナソニックロシア」は，ロシアや他の旧ソ連諸国の家電製品市場の動向や需要予測などを調査するほか，広告宣伝などの販売促進活動を展開している。モスクワにあるサービス会社は「パナソニック・サー

ビス・シーアイエス（Panasonic Service CIS）」に改組した（ロシア東欧貿易調査月報 2005年1月号）。

　販売子会社や生産子会社の設立はまだなされていないが，今後設立することも検討するという（日本経済新聞 2004年6月27日）。

事例9　オリンパス光学工業

　オリンパスは総合光学機器メーカーであり，内視鏡では世界シェアの7割を占める。同社はソ連時代は専門商社であるイスクラ産業経由でソ連へ内視鏡を輸出してきた。ソ連崩壊後の1992年に現地企業と合弁形態でロシア市場での内視鏡の販売事業を開始した。しかし，「思想が異なり，意見が1つにまとまらなかった」ため，1993年に完全所有販売子会社「Olympus Moscow Limited Liability Company」（以下オリンパス・モスクワ）を設立した。現地法人の設立によって「自社で顧客情報を蓄積できるようになった」（角谷社長）。同現地法人はロシア市場で内視鏡の販売，サービス受付を行っている。

　オリンパス・モスクワは，代理店を通して最終顧客へ内視鏡を販売している。代理店に対しては，排他的取引ではなく，1件契約するたびにコミッションを与えるという販売を行っている。代理店のなかには長期的な利益を志向する企業もあった。しかし，短期的な利益志向の企業が多く，なかなか協力してもらえなかった。70～100社のうち，7社程度しか協力的ではなかった。内視鏡は専門品であるので，最終顧客に対してコンサルティングやアフターサービスを提供するなどの点で，当該製品のメーカーへのチャネル・メンバーらの高い協力度が要求される。このため，排他的代理店制（exclusive agency system）に代表されるような，排他的チャネルが適している。**排他的チャネル**とは特定の商業者に排他的な販売権を付与するチャネル政策である。しかし，オリンパス・モスクワは排他的代理店制ではなく，可能なかぎり多くの商業者に当該商品の取扱いを開放し，市場カバリッジ（範囲）を広くしようとする政策を利用した。こうしたチャネルは「数的に限定せず，自然発生的に形成された」（角谷社長）。この政策を採用した理由について角谷社長は「代理店を競争させるためです。

最初に売れてもエクスクルーシブ（排他的代理店制）にすると活動が落ちていきますから。」と述べている（富山 2004）。

事例10　キヤノン

　キヤノンは事務機，カメラ，光学機器を主力製品とするグローバル企業である。キヤノンは1975年に日本の商社経由でソ連へ間接輸出を開始した。1980年代末に正式に複写機に対する国家統制がなくなり，ロシア市場へ積極的に輸出を行うようになった。同社は全事業製品をロシアへオファーしたが，このうち最も簡単で安い複写機モデルがロシア市場で爆発的に売れた。1995年から商社を排除した直接輸出を開始し，1997年5月，独立国家共同体及びバルト諸国地域へのキヤノン全事業製品の販売・マーケティングを担当する販売子会社「キヤノン・ノースイースト・オイ」（CANON NORTH-EAST OY）をフィンランドに設立し，そのモスクワ事務所が，ロシア市場の情報収集・マーケティングを行っている。ロシア国内ではなくフィンランドに販売子会社を設立したのは，ロシアで現地法人を設立するのはリスクが大きいからである。キヤノンは，ロシアを法体系が未熟，不安定でかつ矛盾しており，規則ルールが頻繁に変更され法律が変わりやすく，整備されていないと評価している。このような国では法人税がどのように変わるのかを予測できない。現地法人は現地の法律に従わなければならない。法体系が未熟で，不安定なロシアで営業活動を行うこと自体がリスクになる。さらに，ルーブルは安定しておらず，ロシアで現地法人を設立したとしても数年後には投資額が目減りする恐れもあった。第2に，現地に販売子会社を設立するメリットは，自社で輸入・販売を行い「販売の完結」を実現することにある。「販売の完結」の最大の目的は，メーカーが最終需要家により接近し，最終需要家のニーズを把握することである。

　ところが，ロシアの輸入業者やディストリビューターらが通関を行い，彼らが馴染みの税関職員に賄賂などを渡すなどして，インボイス（送り状）の差し替えや，虚偽申告などを行っている。その結果，ロシアの輸入業者が通関すると官吏との癒着から関税を安くしてもらえ，日本企業などの外国企業が通関す

ると法定の高い関税が徴収されてきた。日本企業はこうした不正行為はできないので販売子会社をロシアに設立する意味がないという。

　キヤノンは，ロシアで流通チャネルを，4種類構築している。それは，(1)正規ディーラー（AUTHORIZED DEALER CENTRES）58店；キヤノンから直接仕入れたあらゆる機器の販売，技術支援，サービス契約の締結，(2)正規卸売企業（AUTHORIZED WHOLESALE CENTRES）83店；キヤノンから直接仕入れた製品の卸売，(3)正規小売企業（AUTHORIZED RETAIL CENTRES）11店；キヤノンから直接仕入れた製品の小売販売，(4)公式取引企業（OFFICIAL PARTNERS）327店；卸売企業から仕入れたキヤノン製品の販売である。キヤノン・ノースイースト・オイは(1)の正規ディーラーによるチャネルを重視し，顧客のニーズにより一層接近した（富山 2004）。

事例11　リコー

　リコーは複写機，OA機器の総合メーカーである。複写機が主力製品で事業別売上高では，その比率は2002年88.8％を占める。リコーは1984年に住友商事経由でソ連へ間接輸出を開始し，1989年から三井物産経由の輸出に変更した。リコーにとって，ロシア市場への参入は巨大市場への参入であり，不安はあったが大きな期待があった。1992年まで三井物産経由で旧ソ連の公団との取引が続いた後，貿易独占体制の崩壊に伴い，1992年からは，三井物産経由，ロシアの流通業者を総ディストリビューターとして，ロシア市場へ複写機を輸出するようになった。1997年10月，リコーは三井物産株式会社と合弁で販売子会社Mitsui-Ricoh CIS Ltd.をモスクワに設立し，旧ソ連邦諸国における販売・マーケティング業務を行っている。　欧州におけるリコーの販売子会社をみると，どの子会社もリコーあるいはリコーの子会社が単独出資した完全所有の販売子会社である。だが，独立国家共同体の販売・マーケティングを担当するリコーの販売子会社だけが，日本の商社，三井物産との合弁会社の形態を採用している。リコーもキヤノンと同様に，ロシアに設立したリコーの販売子会社が自社で輸入を行うことはせず，ロシアのディストリビューターが輸入を行っている。

なぜならば、ロシアのディストリビューターが正規の関税約26％を違法な手段で税関職員から安くしてもらっており、実際には約7〜10％程度の支払いで済ませているためであるという。つまり、Mitsui-Ricoh CIS Ltd.が直接輸入する価格よりも安くロシアのディストリビューターはロシア国内に複写機を輸入することができるのである。Mitsui-Ricoh CIS Ltd.はロシアでの税関職員と現地の流通業者との特殊な関係はいつまでも続くとは考えていない。そして、不正な通関がなくなった時に現地法人を設立しても遅い。そのために、現地法人を設立しマーケティング・チャネルの構築を行ってきたという（富山 2004）。

事例12　トヨタ自動車

　1990年代初め頃から、トヨタはロシアでオフィシャルディーラー網の構築を始めた。このころから、ロシア市場でのトヨタ車の積極的な販売が始まった。1998年に、ロシアの市場状況を調査し、商社経由やロシアの主要地域におけるディーラー網を通した販売を増加させる目的でモスクワ駐在員事務所を設立した。

　2001年7月、ロシアの自動車市場のマーケティングと販売を行うトヨタの販売子会社「トヨタモーター」（OOO "TOYOTA MOTOR"）を設立。同社はトヨタのロシアにおける戦略的基地であり、トヨタとレクサスの自動車とスペアパーツの販売ビジネスで重要な役割を果たしている。

　「トヨタモーター」は、モスクワ、サンクト・ペテルブルグ、エカチェリンブルグ、ウファー、サマーラ、カザン、ロストフ・ナ・ドヌー、ペルミなどロシアヨーロッパ部の主要都市にオフィシャルディーラーを22有する。これらのディーラーは、トヨタの自動車や部品を販売するだけでなく、トヨタの高い品質標準を満たしたサービスを提供している。ロシアにおけるトヨタディーラーはすべて世界のディーラーに示されている厳しい要求に合致している。それは3つのコンセプト、1．自社のショールーム（Showroom）、2．近代的なサービスステーションの存在（Service Shop）、3．スペアパーツ倉庫の保有（Spare Parts Shop）を有することである。極東と東シベリアは「トヨタモーター」の

管轄外で,日本本社から直接トヨタ車が輸出されている。

「トヨタモーター」で販売している乗用車はカムリ,アベンシス,カローラである。スポーツタイプ多目的車(SUV)ではランドクルーザー,RAXの2車種の合計5車種モデルである。アベンシスとカローラのハッチバックはイギリスで生産され,カローラのセダンはトルコで生産され,ランドクルーザーなど他は日本で生産されロシアへ輸出されている。トヨタのディーラーはオーストリアのライファンゼン・バンクなどと提携し,顧客は金利11～12％で自動車ローンが借りられるようになっている。

ロシアにおける2004年の販売台数は,4万7,000台。トヨタは,将来のロシア市場の拡大に対応するため,ロシア・サンクト・ペテルブルグ市シュシャリ地区に,新工場を建設し現地生産を開始することを決定した。エンジンや変速機はポーランドの工場や日本から輸出して現地で溶接や塗装,組立てなどをするノックダウン方式で生産する。新工場では,2007年内に,現在ロシアのトヨタ車販売の主力となっている「カムリ」を,当面年間2万台程度生産する予定である。ロシアの経済成長で中産階級が厚みを増したため,今後はセダンの需要が拡大すると判断し,生産車種をセダンタイプのカムリに絞り込んだものである。ロシアの販売子会社「トヨタモーター」を通じ,ロシア市場での販売を行う予定である(ロシア東欧貿易会調査月報2002年11月号,日本経済新聞2005年3月11日,同4月27日,2004年8月14日,同11月28日,2004年8月14日,「トヨタモーター」ホームページhttp://www.toyota.ru/ru/company/toyota_russia/ 2005年5月13日アクセス)。

事例13　コニカミノルタ

コニカミノルタは2003年にコニカとミノルタが統合して設立された。コニカミノルタの事業は①情報機器事業,②オプト事業,③フォトイメージング事業,④医療用感光材・処理機器事業,⑤印刷用感光材・処理機器事業,⑥計測器事業である。コニカミノルタの経営統合以前のコニカは,感光材などの写真総合メーカーであり,1936年,㈱小西六本店を設立,43年小西六写真工業,87年

コニカとなった。一方，経営統合以前のミノルタは1928年「日独写真機商店」による小型カメラの製造が創業。1937年「千代田光学精工株式会社」を設立，1962年「ミノルタカメラ株式会社」に商号を変更。カメラ，計測機器，光システムなどの光学機器事業と，複写機などの情報機器事業が主力であった。

　ロシアの写真市場へは，コニカミノルタフォトイメージング事業のロシア担当者によると，1992年より商社経由にて輸出を開始。その後，1994年，商社経由をやめ，直接輸出を開始。有力な輸入販売店と組むことにより，カラーフィルム・印画紙とも販売数量は大幅に増加させることができた。ロシア市場においてコニカのシェアは高く，カラーフィルムの総需要も増加していたため，2000年頃からロシア地域をアジア地域と並ぶ重点市場と位置付け経営資源を投入，販売を強化してきた。そして，現地マーケティング，技術サービス強化のため，2001年には駐在員事務所，2003年には現地子会社を設立。その結果，さらにカラーフィルム，印画紙，ミニラボの販売が増加，ブランドを確立させた。感光材関係ではマーケット・リーダーであるコダックに接近し，No.1 に近いシェアを確立している。

　一方，コニカミノルタの中核事業である複写機などの情報機器事業のロシア展開は，担当者によると，ミノルタが，欧州販社経由でロシアへ輸出を始めたのが1980年代の終盤で，本格的に日本から輸出を開始したのが1996年。ミノルタは，日本の総合商社「丸紅」を通して1996年4月に輸出を開始した。いわゆる間接輸出である。その後，2000年11月より欧州統括本部「Konica Minolta Business Solutions Europe GmbH」がロシアへの輸出を行うようになり，直接輸出が始まった。欧州統括本部「Konica Minolta Business Solutions Europe GmbH」のモスクワ事務所がマーケティング，アフターサービスサポートを担う。ディストリビューター・ディーラーの2段階流通チャネル政策を採用している。ロシアのディストリビューターとドイツの欧州統括本部との間で売買契約が締結され，ロシアのディストリビューターがドイツの欧州統括本部から製品を輸入している。売買契約，決済ともにドイツで行われており，オフショア取引の形態を取っている。

事例14　日立製作所

　株式会社 日立製作所は1920年創業の総合電機メーカーである。主たる事業は，生活家電分野ではパソコン・周辺機器，携帯電話・モバイル，AV機器，リフォーム・住宅設備，DIY，福祉・介護，サービス・金融，ビジネス・社会分野では，コンピュータ・ネットワークシステム，環境・公共・都市・交通・自動車，医療・福祉・ライフサイエンス，ビル・マンション・店舗，電力・エネルギー，産業，半導体・部品・材料である。

　ソ連時代は，重電，ガスタービン，ガスパイプライン，化学プラントなどをソ連へ輸出してきた。現在は，家電（テレビ，VTR，カメラ，ビデオカメラ，掃除機，パン焼き機），情報・パーソナルコンピュータ，エアコン，重電・重機（鉄道，製鉄，化学プラント，原子力，電力，ガスタービン）をロシアへ輸出している。

　日立製作所は，ソ連時代は家電製品などの消費財は商社経由で輸出してきた。ソ連解体後は自社で直接輸出を行っている。ロシア向けの日立製作所の家電製品は，アジア諸国やヨーロッパの生産拠点で生産され，英国にある日立の販売子会社とシンガポールにある日立の販売子会社経由でロシアへ輸出されている。ロシアのディストリビューターとの売買契約は英国もしくはシンガポールの販売子会社との間で締結されている。物流も同様に，ロシアのディストリビューターが，英国もしくはシンガポールの販売子会社からロシアへ輸入している。このようにロシアの国外で取引がなされており，オフショア取引となっている。

　ロシアにモスクワ事務所を設立したのは1982年。駐在員事務所であるため，自社で輸入通関や，現地での販売などの営業はできない。したがって，主としてロシア国内でのマーケティングやアフターサービス支援活動を行っている。現地販売子会社を設立しないのは，ロシアのグレーな通関制度のためである。

　ロシア市場においてはエアコン，カリーニングラードに生産委託しているカラーテレビ（21～29型），プラズマテレビ，液晶プロジェクターなどが好調な売れ行きである。

　家電製品の流通チャネル政策では，ディストリビューター，ディーラーを介

した2段階流通チャネル政策を採用していた。だが，ロシアが市場経済へ移行し，「エルドラド」などの大規模小売企業が成長してきたことから，そうした大規模小売企業への販売，すなわち1段階流通チャネルの割合が徐々に増加しつつある。それでも，ロシアは広大な面積であるので，卸売業者を介した2段階流通チャネル政策が主流となっている。

コスト・リーダーシップ戦略を採用している韓国や中国のメーカーとの直接競合を避けるため，高価格，高品質の「高級品市場」を主たるターゲット・セグメントにしたマーケティング戦略を展開している。韓国や中国のメーカーとの差別化の面で，特にディーラー教育の「サービス支援」に力を入れている（ジェトロセンサー 2003年7月）。

6. ロシア市場における日本企業のグローバル・マーケティング・チャネル類型

以上，日本企業による対ロシア市場戦略を主としてグローバル・マーケティング・チャネルの観点からみてきた。

ダイキンを除き，いずれの企業も駐在員事務所を有していた。ダイキンも近い将来設立予定である。

駐在員事務所（representative office, liaison office）は，海外に本格的に進出するほどの資金力もなく基盤は熟していないが，海外の市場開拓の準備として海外からの情報収集や行動活動など直接商品の販売にかかわらない活動を行うために橋頭堡として設置されている。顧客情報の収集，本社からの連絡伝達，市場調査，広告などがその活動の中心である（北川・柏木 1999）。

日本企業の対ロシア市場輸出マーケティング・チャネルは以下のように類型化することができる。

(1) 間接輸出→商社と合弁で販売子会社設立型：ファナック，リコー

ファナックやリコーは商社を介した間接輸出（市場取引）から参入し，商社と共同で販売子会社を設立した。合弁形態による現地法人の設立はリスク分散

効果がある。歴史的に長い時間をかけて形成された商社のロシアや CIS 諸国（旧ソ連）における人材やネットワークをメーカーが利用することによって，現地市場の情報収集のための投資，現地販売網の形成や販売活動への投資を節約することができるからである。商社のもつ現地市場知識と国際経験，現地市場での販売ネットワークなどの資源は重要でかつ補完的である。とりわけ，ロシアのように異なる言語，顧客ニーズ，流通システム，取引慣行や競争状況のもとでは，海外市場の情報を収集する能力や現地販売のノウハウをもつ専門的な人材を育成し現地の販売ネットワークを形成するためには，多くの資源投下と時間が必要である。商社が有する資源はロシア市場特殊的知識や経験の少ないファナックやリコーにとっては補完的な資源であった。

　一般的には，当該市場のリスクが高いときや，メーカーに国際経験の蓄積が少ないときに商社との合弁形態が使われる。

(2)　**間接輸出→日本本社や世界の販売子会社から現地に設立した自社100％出資販売子会社へ輸出型：横河電機，アマダ，ホンダ，オリンパス，コマツ，トヨタ，コニカミノルタフォトイメージング事業**

　第2のタイプは，参入段階では商社経由の間接輸出で参入し，市場浸透段階において現地に自社100％出資の販売子会社を設立し日本本社や世界の販売子会社から，メーカーが，直接輸出を始めたタイプである。ロシアに設立した現地法人は，駐在員事務所や海外支店と異なり，現地の内国法人であるので，通関手続き，営業・現地ディストリビューターやディーラーへの販売活動などすべての活動を行うことができる。自社ブランドによる直接輸出を行うために，販売子会社は重要な機能を果たす。ロシアに自社の販売子会社を設立したということは垂直的マーケティング・システムのうちの最も垂直統合の強い**企業システム**の構築である。販売子会社の設立によって，本社の意向を現地に直接かつ迅速に反映させ，本格的なマーケティングを展開することができる。自社の海外販売子会社の設立は，現地で直接情報を得ながらチャネルを管理できる**組織化**を意味する。すなわち，このタイプは，市場取引から企業型VMSへの移

第5章 日本企業の対ロシア輸出マーケティング・チャネル戦略の変化 ●——— 127

行と捉えることができる。

(3) 間接輸出→本社から現地のディストリビューターへ輸出型：三菱重工業

三菱重工業の工作機械やエアコンなどの量産品は商社を経由した間接輸出から，本社からロシアのディストリビューターへ輸出する直接輸出へと移行した。現地のディストリビューターの組織化を行っており，**管理型VMS**のチャネル政策を採用している。

これは市場取引から管理型VMSへの移行と捉えることができる。

(4) 間接輸出→第三国に設立した海外販売子会社から現地のディストリビューターへ輸出型（オフショア取引）：ダイキン，日立製作所，コニカミノルタ情報機器事業，松下電器産業，キヤノン

このタイプは商社を介した間接輸出から，海外販売子会社からロシアのディストリビューターへの輸出へ移行したタイプである。

松下電器産業とキヤノンはロシアを含めた旧ソ連市場へ販売するための専門の販売子会社を，新たにフィンランドに設立した。ロシアへの輸出はフィンランドの販売子会社がロシアのディストリビューターへ行っている。商取引はロシア国外であるフィンランドで行われているオフショア取引である。同様に，ダイキンは，商取引がベルギーで，コニカミノルタ情報機器事業はドイツで，日立製作所は，英国，シンガポールで行われており，いずれもオフショア取引である。

いずれのメーカーも，ロシアのディストリビューターを組織化しており，**管理型VMS**のチャネル政策を採用している。したがって，市場取引→管理型VMSへの移行と捉えることができる。

現地法人はロシアにおける営業活動が可能ではある。だが，駐在員事務所に比べると，決済・送金・納税などに関してロシアの法律が関係してくる。松下電器産業やキヤノンは，ロシア政府の新しい制度の策定や変更や実際のルール運用に翻弄されること，およびロシアのグレーな通関システムのために，ロシ

アに現地法人を設立することを忌避してきた。グレーな税関システムがなければ、ロシア国内に販売子会社を設立し、よりメーカーの統制がきく企業型VMSのチャネル政策を採用していたという。そうすれば、現在のようにディストリビューターを組織化した管理型VMSよりも、自社がチャネル・キャプテンとなり効果的な管理のできる企業型VMSを構築できていた。

ところが、ロシアにおいては家電製品などの税関手続きが非公式でグレーな側面がある。したがって、ロシアの流通業者がロシアへ輸入すると関税などが税関との特別な関係により安くしてもらえる。同様のことは日本の販売子会社には道義上できない。日本のメーカーが販売子会社をロシアに設立し、そこからロシアのディーラーなどへ販売する流通チャネル戦略を採用したとしても、ロシアのディストリビューターなどの流通業者がロシアへ輸入する場合に比べ価格競争力がない。それゆえ、企業型VMSを取れない。その結果、メーカーのマーケティング戦略を徹底させることがより困難になっている。

松下電器産業やキャノンらの事例からわかるように、日本とロシアとの貿易において、非公式でグレーな税関手続きの側面がネックになってきた。具体的な問題点として、実際の通関の際の税関ごとに異なる関税分類の判断、関税法規や制度の担当官により異なる解釈、個別の交渉によって税率の変化や課税免除、輸入手続きの煩雑さ、税関による提出する書類の種類や書式手続きの不統一性、規定外の関税の要求、法律や指令の頻繁で突如なる改訂、税関官吏と輸入業者との癒着などが挙げられる。

7．ビジネスを行う上でのロシアにおける問題点
　　── ロシアの税関規制体制の変遷 ──

ロシアの著名な経済社会学者ラダエフ教授（2002）によると、ロシアの税関吏たちは1990年代に、ロシアの官僚のなかで最も汚職にまみれた集団の1つになった。このことはロシアにおいては周知のことであるという。ロシア税関がグレーであるので、ロシアの家電製品を取扱うディーラーは皆グレーになっている。実際に通関はディーラーが税関官吏に賄賂を支払い、コンピュータをグ

第5章　日本企業の対ロシア輸出マーケティング・チャネル戦略の変化　●———129

リンピースとして申告するなどしてある商品を他の商品に見せかけて輸入したり，商品の数と価格を不当に低く申告して輸入している。そもそも，ロシアにおける税関規制体制は次のように変化してきた（Радаев, 2002）。

　第1段階は，1980年代末である。当時は5％という低い関税で商品輸入の単一の，自由主義体制が存在した。市場参加者たちはこの関税を支払い，経済活動の比較的"透明な"ルートを利用できた。

　第2段階は，35％まで関税率が急激に上昇した時期。市場にはいわゆる"特恵者"に与えられる特恵（身体障害者，スポーツマン，アフガニスタンで戦った退役軍人らへのさまざまな支援基金）を利用し，ロシアのディーラーたちは高い関税を逃れた。特恵者間の競争の結果，特恵者へ支払われる謝礼が安くなったので，ディーラーたちは特恵を利用した。

　第3段階は，1990年代半ばに，十分に高い関税率は維持したまま，特恵者の地位が廃止になった時期である。ここからさまざまな種類の"グレー"ルートが発生し始め，それらはますます公式の規則から離れていった。例えば，トランジットルートが発展した。書類上は，商品は独立国家共同体のある国に行くことになっているが，実際にはロシア領域を出ないようなケースである。1997年に，特別な早くて，安いルートを実現する権利をもったブローカー事務所が出現し，"グレー"ルートを一般的にした。

　第4段階は，2001年初めの税関規制である。それは"グレー"ルートと"白い"ルートとの事実上の接近を目指し，関税政策に急激な変化があった時期である。国家関税委員会は，1）一定の種類の商品を積んだ車の手続きに対する最低価格を段階的に引き上げ，2）正式な手続きの際，関税算出のための支払いに適用される商品の最低価格を引き上げた。

　ロシアにおける税関問題は，ラダエフによると，ブローカーグループに対してロシアの輸入業者が支払ったかなりの資金が，政治集団や犯罪集団と結びついていることにある。国家関税委員会幹部は事態を改善しようとしているが，政治集団など有力グループの利害が絡み合っているため限界がある。それでも国家関税委員会を含めロシア当局とロシアの企業の双方がロシアにおける経済

活動が法令遵守するように対策を講じてきた。その後，2004年1月に，ロシアの税関法令が改正になり，現在では輸入自動車の通関に関しては，公式な規則に則った通関が行われるようになった。しかし，家電製品だけは以前と同じで，改善していない[※]。

ロシアにおけるグレーな税関問題は，家電製品を除いて，少しずつ改善してきている。今後，家電製品についてもグレーな通関手続きがなくなるならば，松下電器産業やキヤノン，日立製作所，コニカミノルタ情報機器事業，ダイキンもロシアに販売子会社を設立し，より顧客に密着したマーケティング活動を展開することができるようになるであろう。

8．むすび

本章では主として輸出マーケティング・チャネルの観点から，日本企業の対ロシア市場戦略の変化を分析してきた。本章の分析からいえることは次の通りである。

1. 日本の多くの会社は，ロシアを市場規模や潜在成長性が高く魅力的な市場であるとみている。しかしながら，新興市場であり，リスクがある。
2. したがって，日本企業はロシア市場へ参入した当初は資源投入量が少ない駐在員事務所の設置や商社を通した間接輸出などを通じて，ロシア市場の学習，情報収集を行ってきた。駐在員事務所の設置は，ロシア市場におけるネットワーク構築のための拠点の橋頭堡であった。
3. 1999年以降のロシアの急激な経済成長率の増加に伴い，日本企業の輸出マーケティング・チャネル戦略は，間接輸出という「市場取引」から，資源投入量の大きい販売子会社設立という「企業型VMS」や，現地ディストリビューターを組織化する「管理型VMS」へと移行した。販売子会社

※ 2004年1月22日ジェトロ主催「ロシア・極東地域経済研究会」株式会社近鉄エクスプレス京浜輸出営業所複合輸送チームチーフセールスディレクター水野博「ロシアの物流事情　税関法令の改正，鉄道輸送事情の変化」(http://www.jetro.go.jp/se/j/russia/pocket/p20040319.html (2004年4月22日現在)。

の設立は，ロシア市場でのマーケティング・チャネルへの資本投資である。

4．日本企業によるロシアでの販売子会社の設立は，生産の投資に比較して費用が少額でリスクは小さい。だが，ロシアへの投資であることに変わりない。それは単なる商品輸出とは区別される資本輸出である。それは本格的なロシア市場への参入を意味する。

5．日本企業がロシアに販売子会社を設立する場合，完全所有か，商社と折半出資して参入してきた。完全所有子会社のプラス面は，事業を完全に統制することができる点にある。商社との折半出資の形態は，リスクを分散でき，商社のロシアでの人的・流通ネットワークを利用できる。企業能力，ノウハウ，ロシア市場での経験の蓄積が少ない企業，あるいは大型案件などでリスクを分散したい企業は，商社との折半出資で，行おうとしている。だが，自社だけの意思決定によってマーケティングを決定し管理運営することができない。したがって，合弁による販売子会社の設立はチャネル・リーダーの統制力が完全所有子会社よりも弱い。

6．日本企業はロシア市場へ積極的なコミットメントをするようになった。完全所有子会社の設立は，リスクを自社ですべて負担しなければならない。また，第三者の支援なしでロシアに拠点を築くために現地での経験やノウハウを含め企業資源が多く必要である。政治的リスクも要因として考慮する必要がある。受入国の文化的政治的主権に対する脅威と受け止められるなどのリスクがある。このようなリスクを負ってでも，多くの日本企業は，ロシアで企業型VMSを構築しようとしている。それは，本社の戦略に基づいて，ロシアのマーケティング・チャネルを統制することができるからである。

7．ロシア市場特有の輸出マーケティング・チャネル戦略は，松下電器産業，キヤノン，ダイキン，日立製作所等が採用しているオフショア取引にある。商取引の量が少ない国でも同様の輸出マーケティング・チャネル政策は採用されている。だが，ロシアの場合は，販売子会社を設立するほど取引が多くとも，それを各社は設立していない。その理由はロシアのグレーな通

関制度にある。
 8．本章の事例研究で取り上げた日本のいずれの企業も，間接輸出という市場取引からVMSへ移行した。これはロシアの急激な経済成長に伴う需要の伸びのため，チャネル・メンバーが機会主義的行動を取らないよう，日本のメーカーが統制力を強めているからである。

●経営上の含意
　以上の分析から導出されるロシアのような新興市場への輸出マーケティング・チャネル戦略としての含意は以下の通りである。
 1．新興市場への輸出マーケティング・チャネルの選択は，経済成長率の増減による市場変化のスピード，ディストリビューターら中間業者の能力，メーカーの市場特殊的知識と経験，グローバル経営の能力によって変わってくる。
 2．新興市場参入時は，間接輸出のような市場取引が望ましい。なぜなら，メーカーには，当該市場や販売店や代理店などの中間業者の販売能力に関する情報がほとんどない。この段階ではVMSへの多額の投資はリスクが多い。管理型VMSへの投資も，メーカーとディストリビューターとのパートナー関係がすぐに終わってしまえばサンクコストになる。誤った販売店の選択は投入資源の無駄になる。この段階では間接輸出という市場取引が，最も安全だ。
 3．市場浸透段階に入ると，間接輸出のような市場取引では，有能なディストリビューターが，メーカーの製品を積極的に販売しようというインセンティブが働かない。この段階に入れば，メーカーは，ディストリビューターら中間業者の能力と評判を判断するための市場特殊的知識を蓄積している。したがって，メーカーは，有能な中間業者がいたら，市場取引からVMS管理型に移行した方がよい。ディストリビューターらパートナーが優れた能力をもち，メーカーとの間に信頼関係が構築されたときは，ディストリビューターらとの管理型VMSは有効だ。

4. 管理型VMSでは，新興市場の市場成長のスピードが速いと，メーカーは利益をディストリビューターや代理店などの中間業者と分けなくてはならない。中間業者を介した輸出は高くつく場合がある。また，急激に売上高が増加すると，チャネル・メンバーのモニタリングは難しくなる。その結果，中間業者の機会主義的行動が促される恐れがある。したがって，輸出市場の市場成長が速い場合は，メーカーは，機会主義的行動を抑え，利益を専有するため，そして統制力を強めるために企業型VMSにした方がよい。

5. メーカーは本格的に自社ブランドを輸出しようとするならば，代理店やディストリビューターまかせではなく，海外に自社の販売子会社を設けることが望ましい。これは企業型VMSであり，本社の意向を現地に直接かつ迅速に反映させ，本格的なマス・マーケティングを展開することができるからである。

【参考文献】

Banwari Mittal & Jagdish Sheth (2001), *Valuespace: Winning the Battle for Market Leadership*, McGraw-Hill（バン・ミッタル，ジャグ・シェス『バリュースペース戦略：顧客価値創造への行動指針海外事情』（陶山計介，梅本春夫，北村秀実訳）ダイヤモンド社，2004)．

Johansson, J. K. (2000) *Global marketing - foreign entry, local marketing and global management* 2nd ed., Boston, Irwin/McGraw-Hill.

UNCTAD (2004) *World Investment Report* 2003.

Volkov V. (2004) "The Russian economy: current situation and middle-term prospects", The Ministry of Economic Development and Trade, the Russian Federation (mimeo).

Радаев В. (2002) "Российский бизнес: на пути к легализации?", *Вопросы Экономики* №1 2002.

井原久光（2001)『ケースで学ぶマーケティング』ミネルヴァ書房。

北側俊光・柏木　昇（1999）『国際取引法』精興社。
コトラー（2002）『コトラーのマーケティング・マネジメント』（恩蔵直人監修，月谷真紀訳）ピアソン・エデュケーション。
近藤文男（2004）『日本企業の国際マーケティング』有斐閣。
高嶋克義（1993）「産業財マーケティングの新たな視点」『マーケティングジャーナル』VOL.13, No.1, 29～39頁。
竹田志郎（1985）『日本企業の国際マーケティング』同文館。
富山栄子（2004）『ロシア市場参入戦略』ミネルヴァ書房。
中野宏一（1997）『貿易マーケティング・チャネル論〔第3版〕』白桃書房。
原田　保・三浦俊彦編（2002）『eマーケティングの戦略原理』有斐閣。
渡辺達朗（2004）「マーケティング・チャネルのマネジメント」『流通・営業戦略』有斐閣アルマ。

第II部

グローバル経営からみた対ロ直接投資

第6章

三井物産の日ロ合弁企業
―― T．M．バイカルの事例研究※ ――

1．T．M．バイカル社の概要と現状

　T．M．バイカル（T．M．BAIKAL）は，1991年5月に，ソ連の貿易公団「イルクーツクレスプロム」51％，田島木材30％，三井物産19％を出資し，資本金約10億円でソ連邦（当時）イルクーツク州チェレンホボ郡シビルスク市に設立された日ソ合弁会社である。日本のメーカーと総合商社，現地のパートナーの3者による合弁企業だ。合弁を設立したのは，まだソ連時代であった。1991年末にはソ連邦は崩壊し新生ロシアが誕生。1995年に「イルクーツクレスプロム」所有のT．M．バイカル出資持分は国家資産管理委員会へ移管された。これにより，ロシア連邦51％，田島木材30％，三井物産19％の出資比率となり今日に至る。

　T．M．バイカルは，同社副社長橘弘志氏によると，1991年12月のソ連邦解体に伴う払込資本金口座の凍結，過酷なインフラ条件などの苦難を克服し，技術者の育成と生産管理手法の導入を進め，94年に日本向けの出荷を開始した。年間約11万立方メートルを対日輸出しており，北洋材製材品のブランドとして日本市場で一定の評価を得るに至っている（橘 2003）。

　従業員数約400名である。シベリア産の良質な赤松の産地に近いシベリアに工場はある。これにより，良質な原材料の調達が可能である。赤松の丸太を現地で加工している。赤松は乾燥が容易で，乾燥後は安定している。このため，

※　本章作成にあたり，三井物産株式会社T．M．バイカル御担当者より多大なご協力を賜りました。記して感謝申し上げます。なお，T．M．バイカル御担当者の個人名は面談先の要請により明記いたしません。

主に日本では下地材として用いられる。加工は、ツインソーから製材が始まり、ツインテーブルや横バンドで板に製材する。その後、オプチマイザーで板の耳摺りを行い原板にする。ソーターで原板を最大70種類に選別している。その後、プレーナーギャングリッパーでタルキやドウブチに小割する。グレーディングルールに従い等級別に選別し結束した後、梱包の等級、LOT番号が記入される。自動的に防カビ処理が施され、スチールバンドで梱包しラッピングがなされる。最新式の設備で、高い品質の製品が生産されている。製品はすべて日本へ輸出している。工場の生産ラインは完全に機械化されている。

　日本では、建築用材・土木用材・マンション部材（2.7M～3.0M）に使われている。顧客の多様なニーズに応えるために少量の注文材にも対応している。主に、川崎と富山に陸揚げされ、高品質・高精度な製品を安定的に供給している（田島木材ホームページ）。

　2004年春、T. M. バイカルの理事会で、段階的に木材乾燥設備を拡張し総生産量の70％をKD材にすることを決定したと日刊木材新聞は報じている。KD材とはKiln Dryの略であり、乾燥機で含水率25％以下に乾燥させた木材を指す。従来の木造住宅の建築では、製材して十分乾燥しない状態の木材が使用されてきた。だが、近年、強度や寸法精度の高い構造用材料への要求が高まりつつあり、変形や寸法変化の少ないKD材が普及しつつある。KD材は従来の木材（グリーン材）と比べ木質内の水分を減少させているため、割れ、収縮、曲がりなどがほとんどない。すなわち、建築後の狂いが少ない。ビルダーからのKD胴縁採用指定で、注文が相次いでいる。野縁類でもKD材の要望が強いため、T. M. バイカルもこれまでの試験的KD機の設置から商品の過半数を乾燥材とすることを決定したものである（日刊木材新聞 平成16年4月7日）。

　日本市場が求める品質は一層高付加価値製品になってきている。T. M. バイカルは、日本市場向けの生産拠点である。同社は、日本の**顧客満足**を得られる商品を安定的に供給すべく、生産を行っている。**コスト、品質、納期**などの点で日本の高い水準を満たす必要がある。

　三井物産のT. M. バイカル担当者によると、T. M. バイカルの製品は日本

市場において，その安定した品質と供給体制が高く評価されていることから，日本で生産された同種の製品よりも高価格で販売されている。

同社はソ連邦崩壊に伴う現地通貨ルーブルの大幅な下落による為替差損を被ったことにより，未だ財務面では問題を抱えるものの，期間利益を計上しており，5～6年後には累積損失を解消する目途が立ち成功案件と理解されつつある。

日ロ合弁といえば，日本側の知らない間に所有権がロシア企業へ移転した日本の大陸貿易とロシアのサハリン船舶会社による合併事業である，ユジノサハリンスク市の「サンタリゾート・ホテル」や，ハバロフスクの「ホテル・サッポロ」などの失敗例がある。これらの失敗例が，乗っ取りのイメージを残しており難しいとみなされてきた（白井 2000）。こうしたなかで，同社は順調に売上高を伸ばしており，2006年で創業15周年を迎えようとしている。社会主義体制であった国との合弁は行動様式やモノの考え方の相違から容易ではないことはこれまでの研究でも指摘されている（長谷川・斉藤 1991）。

そうしたなかで，なぜこの合弁事業は成功しているのであろうか。この問題について本章では経営管理の観点から分析を行う。

2．ソ連時代の意思決定—トップダウン

ソビエト・システムのもとでは，国家の経済計画は，森本（1986）によると，全体主義的ヒエラルキーに沿い，**上意下達（トップダウン）** で指示され，運営されていた。経済計画は，共産党政治局中央委員会の発案によって基本路線が策定される。その後国家計画委員会による五カ年計画としてその路線が具体化され，ソ連最高会議による形式的な審議を経て「満場一致」の採択をもって法律としての拘束力を与えられてきた。それが部門別・機能別国家委員会，産業別省庁へと下達され，省庁の付属下部機関としての企業や企業合同にノルマとして布告され，執行された。このような行政の指令系統のもとでは，個別企業の**自主性**や**自立性**は存在し得なかった。また，計画そのものが非現実的なものになっていた。そのため国民経済の再生産にさまざまな齟齬，錯誤，矛盾，混乱を引き起こしていた。だが，それらの問題点が**下意上達（ボトムアップ）** さ

れることはなかった。

　ミクロ面では，赤字企業でも，ソフトな予算制約の下，国が保険会社のように機能し存続していた。これがシュンペーターの言う創造的破壊とは対照的に，古い生産方法や非効率的企業を温存し革新や発展を阻害していた。企業は売上に関心をもつよりも，補助を与える政府と懇意になることに努めた。すべての資源を動員して計画を超過達成すると翌年によりきつい目標が課せられる。このため，ちょうど義務的目標水準のあたりで生産を止めていた。企業管理者は**温情主義（パターナリズム）**にどっぷりとつかり，問題があると上級機関に援助を求めた。そうすれば何とか助けてくれた。したがって自ら困難に立ち向かおうという意欲は失われていた（コルナイ 1984，1986）。

　個別企業は自社の生産効率を向上させ生産量を増加させることを目指しはしなかった。したがって，自社の経営計画の立案や実行，マーケティング，研究開発，会計など，企業経営における自主性と自立性も欠如していた。

3．社会主義経済体制下の労働者

　上述の「パターナリズム」は，加藤（2001）によると，**国家と企業との間だけではなく，企業・経営者と従業員の間にもみることができた。**企業は社宅，食堂，保養施設を建設・維持するばかりでなく，幼稚園・保育園なども運営し，企業内の売店で従業員に食品を逆ざやで売るための費用まで負担し，さらには多くの工業企業が副業として農業や畜産業に従事し，そこで生産される農産物，畜産物を従業員に提供していた。このように従業員の生活はその細部にいたるまで**企業による保護**のもとにあった。他方，企業・経営者と従業員の関係は**支配―服従**の関係だった。従業員は企業・経営者から保護してもらう代わりに服従していた。

　すべての労働者は，みんなが働くが，「**並に処遇**」された。一生懸命に働いても，勤務時間中に姿を消し，どこへ行ったのかもわからず，昼食時に酒を飲んでさぼっていても，報奨は同じだった。このため，労働インセンティブは欠如し，労働意欲が低かった。したがって，生産性は低く，賃金も安いのが現実

であった。こうした「**悪平等主義**」がはびこり，ますます**労働意欲**や**イニシアティブ**は欠如していった。また，不足経済であったので，欲しいモノも売っていなかった。店頭での品揃えは少なく，消費者としてニーズが満たされていなかった。

何でも国や企業・経営者が面倒をみてくれるという**パターナリズム**によって，ソ連人の「**被扶養者意識**」が強化されていた。「**被扶養者意識**」とは森下（2003）によると，養われ者根性である。「ロシア人は自立心が弱く，自己決定・自己責任の意識が欠如している。これは古くからの歴史に根ざしたロシアの文化でもあるが，人民を抑圧すると同時に保護もした社会主義の時代に，このような国民性が一層強化された」。労働者に対しては過保護であった。労働規律は乱れ，労働者は仕事をさぼり，のんびりと勝手気ままに振る舞うことが放任されていた。

こうした社会主義体制下での行動様式を改善できる方法は，優れた人的資源管理と生産管理の教育にあった。

4．日本的生産システムの海外移転

T. M. バイカルの事業は，日本市場向けの生産拠点である。それゆえ，特に高品質の製品を生産する必要があった。そのためには，日本的生産システムをロシアへ移転することが必要であった。

●生産システムの３つの要素

海外生産を成功させるには，吉原他（1988）によると，日本企業の生産システムをいかにうまく海外工場に移転するかが１つのキーポイントになる。**生産システム**とは，さまざまの要素から成り立つ生産の仕組みである。**生産システムの要素**は，

(1)**生産設備**
(2)その生産設備を使いこなす**手法やノウハウ**（生産のソフト技術や生産管理，品質管理）

(3)工場内の**組織風土**ないし**組織文化**で構成されている。

T. M. バイカルの場合，(1)生産設備では，日本から最先端の設備が導入された。(2)手法やノウハウでは，OJTなどにより従業員の教育・訓練が行われた。(3)よく働く組織風土の醸成には，ルール作りや給与体系等多くの面で「やる気」を高める方策が取られた。

5．人的資源管理

企業のなかのヒトを扱う領域を「**人的資源管理**」と呼ぶ。または**労務管理**ともいう。これは，企業のなかのヒトをどう生かすかという問題である。人的資源管理の分野では何がどのように行われたのか。それがどのような効果があったのであろうか。

5－1　社長を現地人に

第1に，T. M. バイカルは社長を現地人にした。取締役会はロシア人3人，日本人3人で構成され，ロシア人取締役から社長が選任されている。

現地人を社長に起用する必要性とメリットはどこにあるのだろう（吉原他1988参照）。

(1)ロシアで事業をするからにはロシアのことがわかっていなければならない。

(2)ロシア人作業員を管理するにはロシア語ができなければならない。

(3)ロシアの木材業界，労働慣行，文化，州政府との関係などに精通していた方がよい。

(4)作業員はロシア人であるので，社長がロシア人の方が従業員を動機づける点で優れている。

(5)合弁会社の社長がロシア人である方が，日本の資本が入った企業であるという目立ちすぎる存在を防げる。

(6)地域社会に溶け込み，現地化のイメージを高める点で，現地人を社長にした方がよい。

伝統的な日本企業の人的資源モデルは日本人支配である。従来は海外子会社や合弁企業において，社長は日本人の駐在員がなっていた。そして，補助的な労働力として現地の従業員が採用されていた。

　しかし，T. M. バイカルは，現地特有の知識や経験，ノウハウを活用し，現地スタッフの能力を活用するために現地人社長を活用した。このことにより，とりわけ現地の従業員を動機づける点で成功した。

5－2　信頼関係の醸成とルール作り

　「スタートした時はロシア側，日本側という発想が大きかったのです。これでは合弁企業は成長しません。たえまない教育を行って，会話を積み重ねて，危機を乗り越えてきたのです。そうやって**信頼関係**が醸成されたのです。対立関係ではダメです。問題が生じたら**合議制**に持っていくようにしました。」と三井物産 T. M. バイカル担当者は当時を述懐する。

　このことからわかるように，<u>押し付けはいけない。納得させることが大切である</u>。

　ロシアにおいては日本の価値観や経営のやり方が全く異なるので，意見の相違が生まれるのは当然である。そこで，何がどう違うのかを聞き，違いを理解してから日本側の考え方を説く。会話を積み重ねて，意見を交換することが大切だ。こうやって，危機を乗り越えることができた。そして，互いの信頼感を高め，「生産性を上げる」という明確な目標の下で，権限を委譲し，その責任の所在を明らかにしていった。

　「ロシアではトップがオールマイティです。トップダウンをベースに取締役も従業員も会社を良くしようという気持ちをもっています。片方の文化を押し付けるわけにはいきません。管理する仕組み作りが大切です。何をどのレベルで決めていいのか，工場長か，取締役会か，現場か，そういう規定を1つひとつ作っていきました。

善意に立脚した社内ルールは作らないのです。その代わりルールの悪用もありません。ルールはある限り使われます。有給休暇をロシアでは使うのが当然です。ですから計画的にロシア人が有給休暇を取れるルールを作りました。社内ルールは単一の目的です。それは，作業性を上げる必要があるということです。無秩序でやるから生産性が低くなるのです。これは日本人が勉強してないんです。我々はルールを一緒に作りました。そして，それを株主総会で認めさせました。出資者と一緒に作りました（三井物産 T. M. バイカル担当者)。」

適度に公式的で，しかも押し付けにならない価値や**ルールの制定**を進めることが必要だ。納得させ一緒に作り，認めてもらうことによってそのルールがより確固としたものになる。

このことにより，現地従業員と日本人駐在員の**コミュニケーション**が活発になっていった。それが，両者の**信頼関係**に寄与することになった。

5-3 責任の所在を明確にする

T. M. バイカルでは，いつ，どのチームが生産し，品質検査を行ったのか特定できるようにロット番号をつける仕組みを構築した。クレーム品が出たら現場へフィードバックし給料を減額するなどの罰則規定も設けた。こうして責任の所在を明確にし，改善を積み重ねていった。改善の積み重ねが，高品質の製品を生んでいった。

だが，このような厳しい「ムチ」の政策だけを行ってきたわけではない。優秀な従業員を褒美として1年に8人，日本に研修に出している。そして，日本の木造住宅を見せ，市場とは何か教えている。彼らが誰と戦っているのか，世界を相手に戦っていることを教えている。木造建築を見せるとその美しさに陶酔するという。これは「アメ」の政策である。

日本への研修出張制度により作業者層の**動機づけ**に成功することができた。

5－4　報酬管理

　従業員は，現地採用である。いかに彼らの勤労意欲や定着率を高め，従業員の生活を安定させていくのか。それには，日本のニーズにあった高品質の製品を作る必要があった。そのためには従業員の生産性を向上させなくてはならなかった。

●**労働意欲へのインセンティブを与える給与体系の構築**

　「91年頃の最初は働きませんでした。それがだんだんと働くようになりました。生産性が上がると給与を上げるようにしたのです。しかし，人参をぶらさげても馬は走りませんでした。ロシア人は人参を見たことがありませんでした。だから会社の中に店を作ってお金を使わすモノを置いたのです。電子レンジを店に展示して売りました。貨幣経済でないところに人参を与えたのです。彼らもお金の価値がわかってきてお金が欲しいと思うようになり，よく働くようになりました。ロシア人はよく働きますよ。給料は現地企業よりも高めです（三井物産 T. M. バイカル担当者）。」

　ロシア人は酒ばかり飲んで働かないという説は少なくとも T. M. バイカルでは過去のことだ。社会主義時代は報奨を手にしても，欲しいモノが売っていなかった。車を買うにも7年も待たなくてはならなかった。だが，市場経済へ移行し，西側の高品質の製品が大量にロシアへ輸入され，お金があれば何でも欲しいものは買えるようになった。

　彼らの**労働意欲へのインセンティブ**は，比較的高い給料，生産性と報酬の連動した給与体系，欲しいモノが店頭に並んでいることにあった。

　品質が改善し会社が利益を得ても，従業員の利益にならないのではないかという危惧を従業員に抱かせてはならない。そうした不安がなくなり，彼らが本当に品質を重視する気にならなければ，つまり，「やる気」がなければ，せっかく育成した技能を生産に生かすことはできない。

　そのため，あらゆる機会を通じて，品質の重要性や顧客満足追求の経営の姿

勢について伝えている。品質のよい製品を生産すれば，日本の顧客は満足し購入してくれる。その結果 T. M. バイカルに外貨が入る。それが従業員の賃金や福利にはねかえり，地域社会にもプラスの効果をもたらすことになることを訴えた。こうして従業員の「**やる気**」を喚起していった。

5－5　教育・訓練

現地従業員の労働意欲を高め，生産性向上を実現するには，彼らの技能研修も必要不可欠であった。

●企業内教育（OJT）

OJT（On the Job Training）は，上司や先輩が，仕事に必要な知識・技能などを必要に応じて仕事のなかで教える教育のことで，職業内の訓練である。このことから「**職業内訓練**」と呼ばれることもある。内容は，生産部門における技術訓練，一般事務部門における業務訓練など，職場の事情に応じてさまざまである。

OFF JT（Off the Job Training）は，職場を離れて集合して行うことから「**集合教育**」と呼ばれている。内容は外部講師による専門教育，管理者としての心構えやリーダーシップの理論を学ぶ管理者教育などがある。これは幅広い知識を得られる場で熱心な従業員にとっては自己啓発の機会になる。

海外経営の主体を現地のスタッフに委譲するには，現地経営者を育成しなくてはならない。T. M. バイカルの経営者クラスは，日本で OFF JT を受けた。作業員の教育・訓練は現地で **OJT 訓練**を行い，作業員を指導するオペレーターの教育では **OFF JT 訓練**を日本で行った。

教育では，1人ひとりの業務すべてが会社全体に**有機的**に結びついていることを理解させた。教育の具体的な目的として，各自の業務がいかに会社全体に結びついていき，社会全体に役立っているのかを理解させたのである。これにより価値創造による社会的貢献で，社会制度としてのビジネスの存在意義を強

調したのであった。

5－6　優れたリーダーシップ

T. M. バイカルの社長は優れた人物であった。社長はソ連時代の社会主義の高等教育を受けていなかった。現場あがりだったため，白紙の状態から日本の経済スタイルの良い部分を熱心に学ぼうという意欲があった。何でも吸収することができた。

つまり，学習能力という**知的な資質**を有していた。そして，西側の経営管理を学び会社を良くしようという気力や責任感にあふれていた。すなわち，**道徳的な資質**を有していた。また，現場あがりで，木材に関する**専門知識**を有し，**木材業界での実務経験**もあった。このようにT. M. バイカルの社長は，リーダーとして指導者にふさわしい資質を備えていたのである。

彼のリーダーシップにより，従業員との間に**高い信頼関係**が醸成されていった。**リーダーシップ**（leadership）とは，「ある目的に向かって他人の行動を喚起する影響力のことをいう。特に，組織内でのリーダーシップは，部下や関連部署の人々に働きかけて目的を達成するような能力で，公的な権限がなくても人々が動機づけられるような影響力」（井原 2000）のことをいう。そこから，**優れたコミュニケーション**や**高い帰属意識**が生まれた。その結果，**高い生産性**や**低い欠勤率**，**低い離職率**という結果を生み出すことができた。それが，高い売上高，高い利益，高い品質という高業績へとつながっていった。優れたリーダーシップが企業のあらゆる面に及んだのである。

6．生産管理

生産管理の面ではどのような政策が行われたのであろうか。それがどのようなプラス効果をもたらしたのであろうか。

生産管理とは「よい品質の製品を所定の時間内に安く作る」ことである。この目的を達成するためには，①最適の生産システムを設計する，②生産を適切にコントロールする，の2つの考慮が必要である。

同社は当初から最新の検査設備を導入し，品質教育，技能訓練および設備のメインテナンス教育など，システマティックな教育と管理を行ってきた。特に，TPMによる生産管理に力を入れてきた。

6－1 TPM (Total Productive Maintenance)

TPMとは，Total Productive Maintenance の略語である。社団法人日本プラントメンテナンス協会によって 1971年に提唱された活動である[※]。具体的には，

「1. <u>生産システム効率化の極限追求</u>（総合的効率化）をする企業体質づくりを目標にして，

2. 生産システムのライフサイクル全体を対象とした"<u>災害ゼロ・不良ゼロ・故障ゼロ</u>"などあらゆる<u>ロスを未然防止する仕組み</u>を<u>現場現物</u>で構築し，

3. 生産部門をはじめ，開発・営業・管理などの<u>あらゆる部門にわたって</u>，

4. トップから第一線従業員にいたるまで**全員が参加し**，

5. **重複小集団活動**により，**ロス・ゼロ**を達成すること」である。

TPMの特色には，次のことが挙げられる。
(1)経済性の追求（儲けるPM（予防保全または生産保全））
(2)トータルシステム（PMなど）
(3)オペレーターの自主保全（小集団活動）
(4)あらゆる部門が参加した全社活動（関係のない部門，関係のない人は存在しない）
(5)あらゆるロスをゼロにする（ゼロ志向）
(6)未然防止（最初から，トラブルを出さない仕組みを考える）

PMが保全部門中心の設備管理であるのに対し，TPMは，あらゆる部門にわ

※ 社団法人日本プラントメンテナンス協会ホームページ (http://www.jipm.or.jp/company/tpm.html 2005年4月22日アクセス)。

たり，トップから第一線従業員まで全員参加で全社的な設備管理を展開する。特にオペレーターの自主保全および職制主導型の重複小集団活動が最大の特徴である。「トータル」とは

  ① 総合的効率化の意味でのトータル

  ②「生産システムのライフサイクル全体」の意味でのトータル

  ③「あらゆる部門」，「全員参加」の意味でのトータル

を意味する。

　TPM活動は元来，稼働段階における設備の復元を狙いとしているので，直接設備を使っている作業者，現場の管理監督者および設備の保守保全員の活動を重視し，全員参加の設備改善活動を通じて設備の質の向上を図る，いわば**ボトムアップ方式の活動に近い**。

6-2　7S運動

　TPMにおいて，T. M. バイカルは7S（整理，整頓，清潔，清掃，しつけ，作法，始末）を実施している。

　日本の工場では，5S運動が広く普及している。**整理，整頓，清掃，清潔，しつけ**の5つのことに注力する運動を5S運動という。これら5つはいずれもローマ字で表現するとSで始まるから，5つのSに努力する運動を5S運動というのである。日本の工場がクリーンで整理整頓されているのは，社長，役員，工場長，現場の監督者，さらに作業者までが工場をクリーンにし，整理整頓することに，長期にわたって，懸命な努力を続けているためである。T. M. バイカルではさらに作法，始末を入れて7S（整理，整頓，清潔，清掃，しつけ，作法，始末）を実施している。

　「清掃をすると生産性が上がることを何もしていない人たちにやってみせたんです。そうすると成果が上がることがわかるのです。日本的なやり方はこういうものであると，綺麗に掃除をすると生産性が向上することを示してやってみせました。こういう実践的なアプローチが有効なんです。生産性が上がるこ

とがわかると彼らはちゃんと整理整頓をするようになりました。

　ロシア人はレベルが高く吸収が早いです。実に高度な理屈を議論しています。だからロシアは理論ありきで論破するんです。そうすると彼らは理解できるのです（三井物産T. M. バイカル担当者)。」

　TPMと7Sを導入した結果，T. M. バイカルには以下のような成果があった。

(1)　TPM活動と7Sの成果
(1)設備の不具合数や，故障件数が減った。
(2)品質保全活動の展開により，品質事故が大幅に低減し，製品品質が格段に向上した。
(3)自主保全活動の推進により，オペレーターの設備に対する関心が高まった。そして，知識・技能が向上し，設備に強いオペレーターが育成された。
(4)故障が発生してから対処する事後保全から，疑わしきは事前に対処する計画保全へと保全担当者の業務の質が変化した。
(5)TPM活動を通じ，チームで仕事をする「協同関係」が強化され，職場が活性化した。
(6)TPMを全員で推進することにより品質第一に徹するという会社の経営の基本方針が再確認された。
(7)良い設備は，良い製品を生むことを作業員に理解してもらえた。
(8)その結果，品質保全体制の充実，生産性の向上という成果を生むことができた。
(9)TPM活動を通じて得られた考え方が，T. M. バイカルの経営改善の推進力になった。

(2)　チームワーク
　TPMは，現場の作業者に製品や作業方法，生産設備などについて，改善の

余地がないか、どこをどのように変えれば不良率が下がるか、コストが下がるかなどを日常的に考えさせる優れた仕組みであった。1人ひとりの仕事が会社全体の業績に影響を与えることがわかってくると、従業員は職場での**チームワーク**のあり方を各自で考えるようになった。

作業者らのこうした**協同関係**は重要であった。多くの作業者の間に**良好なチームワーク**が醸成され、生産性が向上し、高品質の製品が生産できるようになった。その結果、作業者1人ひとりが持ち場の仕事を確実に遂行するようになった。持ち場での1つひとつの仕事を緊張感をもって、細かなことに注意しながら確実に遂行し、高い生産性と高品質を達成することができた。

こうした全員参加の経営が可能になったのは、情報を従業員と共有したからである。会社の現状を知らせ、会社の業績や成果を現場へフィードバックし、評価や反省の材料とした。また、T. M. バイカルの取締役会は、各チームの責任の所在を明確にし、責任・権限とも委譲できるところは委譲していった。

7．人を動かす組織

人を動かす組織：集団の動機づけ、チームとしての組織

組織は、職場集団が重層的に積み重なって成立し機能している。T. M. バイカルでは取締役会（日本人3名、ロシア人3名）の下に、工場長がいる。その下に、いくつかのチームが存在する組織構造になっている。このチームの凝集性が高かった。このため、従業員の一体感が強まり、生産性向上、欠陥品を作らない、品質向上などの目標達成に向かって動機づけられた。その結果、生産性が高まった。従業員の高いモラルは高い生産性をもたらした。

では、どのようにして凝集力の高いチームを育成することができたのであろうか。

(1) 成果主義の導入と高い目標の設定

T. M. バイカルでは企業業績が上がると、従業員の給与を上げる成果主義を導入した。成果主義は、従業員の企業への忠誠心を高め、**企業と従業員の一体**

感を増す傾向がある。企業業績が上がり，会社の業績が伸びれば，自分たちの給料も上がるという運命共同体的な価値観が働き，従業員の忠誠心が高まっていった。欠陥品を作らない，高品質な製品を生産するなど高い目標を掲げた。高い品質の製品を生産すれば売上が増加し給料が増える。こうして，従業員らの欲求を満たすことができた。

(2) 重複集団的組織と支持的関係

T. M. バイカルでは，**報告，相談，連絡**を徹底させ浸透させていった。そのための組織づくりとして，小さなチームごとに従業員を分けた。各チームの班長は，上位の職場集団に対してはメンバーシップの役割を，下位の職場集団に対してはリーダーシップの役割を果たす二重の役割を担った。各チームの班長は，上の職場集団と下のチームの両方に属する「**連結ピン**」の役割を果たした。これによって以下の効果があった。

(1) 上下左右の**コミュニケーション**がよくなり，集団のメンバーの参画による意思決定が促進された。その結果，部下は会社全体における自分たちの仕事の意味と内容を十分に理解することができた。こうして従業員の組織目的への高い動機付けが可能になった。

(2) その結果，「**支持的関係**」が醸成された。「**支持的関係**」とは権限の委譲や参加的意思決定・良好なコミュニケーションを通して，部下が上役を支えながら効率的に仕事を遂行する関係を指す。

(3) チームとして品質管理に対して責任をもつシステムが取られた。このため，仕事がチーム全体でなされ，工員たちがお互いに助け合って仕事をする雰囲気を作り上げることに成功した。チームとして，従業員の**参加的意思決定**が重視された。

(4) 一方的な命令ではなく，**報告や相談**を聞いた。それにより，チームのメンバーは上司や同僚から支持され，人間としての重要性や価値が認められた関係になった。

従業員が，チームという小集団のなかで，コミュニケーションを円滑に進め

ることで，それぞれの役割や個性を認め合い，**チームワーク**を存分に発揮することができた。このことが従業員1人ひとりの能力向上の呼び水となった。そして，自己実現への欲求を満足させ，従業員1人ひとりと会社全体との調和を実現することができた。

　この小集団は構成メンバーの団結を固め，欠陥品が出た場合は**連帯責任**を取るという共同責任の下，高品質の製品を生産しようなどの共通目標をもち，仲間意識で結ばれていた。

　トップから第一線従業員に至るまで全員が参加し**チームワーク**が醸成されていった。①部下を信頼し，②部下の意見をよく聴いて相談をし，③部下のやる気を引き出すように動機付けをする集団参加的リーダーシップによる管理方式が採られた。このような**信頼，相談，動機付けを基本とした監督方法**によって**部下の積極的参加**を促し生産性を向上することができた。

　こうして，売上が伸びれば給料が上がるというシステムの下，コストや生産性の問題に対して**自己統制**と**職場集団参加型**による問題解決が試みられた。作業員の組織への敵対感はみられず，作業員は組織への責任を負う。そして，あらゆる職場でチームワークによる課題解決がみられるようになり，**組織の高い業績**と**従業員の高いモラル**が達成された。

8．人脈の構築

　「イルクーツク行政府との良好な関係は必要です。あらゆる許認可権を州政府がもっていますから。また，国家との関係も同様です。例えば，仕入れにかかわったVAT（付加価値税）を税務当局は財政不足を理由に長い間還付してくれませんでした。それが，ロシア首相諮問委員会の外国人投資家円卓会議の席で，当社（三井物産）副社長が「国内の法律が守られていないようですね」と苦言を首相や閣僚へ述べたところ，適法に返還されるようになりました。

　プーチン大統領になってから，税務面やその他の国家機関との関係において，適法に処理されるものごとが増え，ロシアの投資環境は好転したように感じていましたが，2005年に入って再び税務当局は難癖を付けてはVATを還付しな

いなど，なりふり構わない対応をするようになりました。今ロシアでは何かが変わってきているかもしれません（三井物産 T. M. バイカル担当者)。」

　T. M. バイカルは，当初は「イルクーツクレスプロム」との合弁で始まったが，民営化され，ロシア政府と三井物産との合弁形態になった。したがって，現在の三井物産の合弁相手はロシア政府である。

　ロシアにおける事業展開には**人脈**が重要である。ロシアは**トップダウン**の組織であり，政府レベル，州政府レベルなどあらゆるレベルにおいて緊密な関係を築き，それを育成していくことが大切である。ロシアにおいてはとりわけ，各種許認可権を握る行政府やロシア政府，官庁などがビジネスと密接な関係にある。ある企業活動に対し問題が生じたときに**クルィシャ**（**擁護者**）となってくれる人脈が，ビジネス環境が不透明なロシアにおいては特に必要だ。

　ラダエフ（2002）の論文によると，ロシアにおいてはビジネスの保護と安全性の保障のために，警備員を雇うほかに，監督機関と司法機関に対して，検査の回避と制裁を課されることを回避するための賄賂，問題の解決を早めるための賄賂，"相互関係を維持する"ために予防的な投資をしなければならない。賄賂を渡さないと，税務署や司法機関は難癖を付けたり，仕事にブレーキをかけてくる。監督機関の指令によって，検査の対象に偶然なることもあれば，競争業者側からの"依頼"によって検査され厳しい制裁を課せられる恐れがある。しかし，構築された関係と比較的少額な賄賂があれば，"どんな問題も解決"できるという。こうした汚職関係のルーチン化が，リスクと不確実性のレベルを下げる助けになっている（Радаев В. 2002）。

　世界各国の官僚の腐敗について頻繁に引用される非政府組織「トランスペアレンシー・インターナショナル」のランキングによると，2004年のランキングでロシアは146カ国中90位である。官僚のクリーン度と経済発展のレベルは非常に相関関係が高い。ロシア当局の企業に対する態度はポーランドなど他の市場経済移行国に比べ略奪的であるという（栖原 2004）。ロシアでは，官僚，とりわけ**連邦保安局（FSB）**が用心棒代金やいやがらせを行わないことに対して

賄賂や金を要求しつつ業務を行っているとアメリカのノースカロライナ大学のローズフィールド教授は指摘している (Rosefielde 2005)。

　プーチンは大統領就任直後, 7つの連邦管区を設置して, 大統領全権代表を派遣し中央集権化を進めている。現在政治の担い手は, 中澤 (2005) によると, 新興財閥から**シロビキ**(軍人, 警察, 連邦保安局出身者, 検察官) に移っている。シロビキの中核が**連邦保安局** (FSB) であり, 警察 (内務省), 軍がこれに従っている。FSBはKGBの後継機関であり, プーチンは1998〜99年にFSB長官であった。このことから「FSBが現在のロシアをコントロールしている」といわれている。FSBの中心は旧ソ連**国家保安委員会** (KGB) 出身者で固められている。国防省, 内務省も旧KGB出身者で占められており, ロシアの政治エリートの77%はシロビキが占めている。したがって, 旧KGBがロシアを支配していると言っても過言ではないと中澤 (2005) は分析する。権力中枢にいるシロビキは, 大統領の名前と権威のもとでさまざまな行動をとっているが, 外国企業に対する不透明な追徴課税など最近のやり方は, 大統領が掲げた理念に必ずしも沿ってはいない。月出 (2005) によると, シロビキのなかに傾向が異なる小集団があり, 大統領がそれらを操っているのではなくその逆であるという疑いが強まっているという。シロビキは法律の強引な解釈を伴い, **情報機関**, **警察, 検察, 税務当局**を手段として, 強権路線を進んでいる (月出 2005)。

　プーチン大統領は2005年4月25日, クレムリンでの上下両院総会での年次教書演説のなかで,「税務当局はビジネスにテロをしかける権利はない」と税務当局を批判している (ロシア大統領府ホームページ)。税務当局が大統領の意に反して別に行動していることを示した発言だ。また, 地方, 軍部, 省庁という諸勢力も健在であり, プーチンは強い権力を誇示しながらも, 結局これら諸勢力の調停者の役割しか果たせていない (永綱 2002)。

　ロシアではビジネスに政府, 政治家や官僚が大きく絡んでおり, 政府とのつながりはもちろん必要だ。だが, 政権が変わると, 新たな人物が力をもつ。そうした人物が擁護者となるので,「**クルィシャ**」(крыша：擁護者) として企業を守ってくれる人脈が必要だ。

現政権下では、**シロビキ**が政治の中核である。**シロビキ**の中核は旧KGB人脈である。シロビキが税務当局を手段としている。したがって、現政権下では旧KGB人脈がモノを言う。

9．むすび

　合弁企業は営利組織である。合弁企業は効率を追求するが、企業の効率は、従業員の**やる気**と密接につながっている。生産現場を本当に知っているのは**従業員**であり、従業員の**やる気**や創意工夫なしに企業の革新的な活動は期待できない。合弁企業は最終的な顧客の満足を高めるとともに、従業員満足も高めていく必要がある。

　そのために、T. M. バイカルは「生産性を上げる」という「組織の目標」を明らかにし、従業員に対して繰り返し最終的な**顧客満足**を得るために生産性を向上させなくてはならないことを納得させた。従業員はそれが有用な命題であることを納得・理解し、TPMを担うことに満足しながらその推進者として大きな力を発揮し、高い顧客満足の追求に向かってくれた。

　合弁企業は従業員とともに成長し、「**組織の目標**」と「**個人の目的**」を同時に追求していく必要がある。合弁企業の利益は販売からしか得られない。販売は顧客からみれば購買である。合弁企業の利益は**顧客満足**を得られなければ生まれない。企業の利益は、一回限りの商売で得られるものではない。工場をかまえて継続的に事業を行う以上、リピーターを増やし、信用を得なければならない。信用は高品質の製品の販売による信頼関係から生まれる。合弁企業は利益を追求するが、利益だけを追求してはいけない。

　現地従業員の要望にも応え、現地社会にも貢献する必要がある。T. M. バイカルは、ロシア社会の一員として社会の発展にも積極的に貢献している。

　ソ連社会主義の**ノルマ**（職場における標準作業量）は職場や企業の経営規律として自生的に生まれたものではなかった。国家が科学的根拠に依拠してその基準を定め、集権的に産業ごと企業ごとに上から下へと指示し、その遵守を統制する体系によって支えられてきた（大津 2004）。

だが，7Ｓ運動，TPM，品質志向，チームワーク重視，現場主義，細部重視，顧客満足追求，小さな改善の積み重ね，比較的高い給料，業績と給料の連動制，従業員の雇用の長期安定と現場訓練などをインセンティブとして生産現場のモラルを高め，下からの力で高い生産性を達成することができた。

　日本市場が求める品質は常に厳しい。顧客の満足を得られる商品を安定的に供給すべく，新規開発にも積極的に取り組みながら生産体制を見直している。

　現地生産の成功は，経営者の育成と従業員の訓練に依存している。合弁企業の人的資源管理と生産管理が，その生産の成否を決めると言っても過言ではない。ロシアの場合，それに加えて人脈が重要だ。

【参考文献】

Rosefielde, S. (2005) "Russia: An Abnormal Country", *The European Journal of Comparative Economics* Vol.2, No.1, pp.3-16.

Радаев В. (2002) "Российский бизнес: на пути к легализации?", *Вопросы Экономики* №1 2001.

井原久光（2000）『テキスト経営学〔増補版〕』ミネルヴァ書房。

大津定美（2004）「第9章　雇用・賃金と社会保障」大津定美・吉井昌彦編『ロシア・東欧経済論』ミネルヴァ書房。

小沢正義（1987）『TQCと経営―TPMを活用して成果―』日本規格協会。

加藤志津子（2001）「ソ連時代の労働者「旧社会主義体制」のもとでの企業・経営―ソ連型モデルの実態とその改革―」『体制転換と企業経営』ミネルヴァ書房。

コルナイ・ヤーノシュ（1984）『「不足」の政治経済学』（盛田常夫編訳）岩波現代選書。

――（1986）『経済改革の可能性』（盛田常夫編訳）岩波現代選書。

白井久也（2000）「対ロ民間投資，笛吹けど踊らず：乗っ取り相次ぐ日ロ合弁企業」『財界』3月14日号，財界研究所。

栖原　学（2004）「経済の犯罪化」『〔新版〕ロシアを知る事典』平凡社。

田島木材ホームページ http://www.tajimamokuzai.co.jp（2005年4月22日アクセス）。

橘　弘志（2003）「ロシアイルクーツク州 T.M.バイカル　副社長　橘　弘志氏：日本市

場への供給基地として地位を確立」『ジェトロセンサー』53巻626号, 2003年1月。

トランスペアレンシー・インターナショナル・ホームページ http://www.transparency.org（2005年5月19日アクセス）。

中澤孝之（2005）『現代ロシア政治を動かす50人』東洋書店。

永綱憲悟（2002）『大統領プーチンと現代ロシア政治』東洋書店。

日本プラントメンテナンス協会（社）ホームページ http://www.jipm.or.jp（2005年5月1日アクセス）。

日本プラントメンテナンス協会編（1993）『TQCとTPM』第5刷, 社団法人日本プラントメンテナンス協会。

長谷川俊明・斉藤隆弘（1991）『東西合弁の法律実務』中央経済社。

月出皎司（2005）「プーチン政権第二期：悩み多き強権体質」『ロシア東欧貿易調査月報』2005年3月。

森下敏男（2003）「第一章 体制転換と労働法」『平成14年度 外務省委託研究「プーチン政権におけるロシア社会・労働法制の改革」』
http://www2.jiia.or.jp/pdf/russia_centre/h14_putin/03_morishita.pdf
（2005年4月22日アクセス）。

吉原英樹・林 吉郎・安室憲一（1988）『日本企業のグローバル経営』東洋経済新報社。

ロシア大統領府ホームページ http://www.kremlin.ru/sdocs/appears.shtml?type=63372（2005年4月30日アクセス）。

第7章

住友商事の日ロ合弁企業
―― STSテクノウッドとPTSハードウッドの事例研究※ ――

1. STSテクノウッドとPTSハードウッドの概略

(1) STSテクノウッド

　日本の住友商事とセブン工業は，ロシアのテルネイレス社と合弁で，1996年6月，ロシア沿海地方プラストゥンに「STSテクノウッド（Техновуд）」を設立した。STSとは，住友商事のS，テルネイレス（Тернейлес）のT，セブン工業のSを取ったものである。STSテクノウッドへの投資金額は約2,000万ドル。各企業の出資比率は，テルネイレスが47％（280万ドル），住友商事が47％（280万ドル），セブン工業が6％（40万ドル）である。この他に96～97年に住友商事がSTSテクノウッドの工場建設と設備の購入費用として約1,200万ドルのクレジットを供与したが，操業開始3年目にして累損を一掃している。

　この合弁企業は，日本の住宅資材用の針葉樹集成材製造事業を主として行っている。製品の輸入者は100％住友商事である。

　日本の住宅資材市場における集成材の市場占有率は35％である。集成材は，有望な商品とされている。STSテクノウッドの集成材の日本における市場占有率は約3～4％。従業員数は270人。平均賃金は約4,000ルーブルである（Курочкина 2001a）。

　合弁相手の「テルネイレス」は，もともと伐採した原木のみの売買を行って

※ 本章作成にあたり，住友商事株式会社広報部 梅地康仁氏，木材建材部部長 富島 寛氏，同木材第一チームリーダー 田中太郎氏，同ロシア関連事業チームリーダー（STSテクノウッド担当）馬淵雅人氏，同ロシア関連事業チーム主任（PTSハードウッド担当）長井亮介氏よりご協力を賜りました。記して感謝申し上げます。

いた。販売を委任されたのが住友商事である。販売していく手段として，高付加価値の木材製品を生産するために，設立されたのが「STSテクノウッド」と「PTSハードウッド」であった（図表7－1）。

図表7－1　PTSハードウッド社（手前）
　　　　　STSテクノウッド社（奥）
　　　　　プラストゥン港　　　（左奥）

写真：住友商事提供。

　「テルネイレス」は，現在も集成材よりも原木を中心とした商売をしている。現在では営林から木材加工，輸出までを手掛ける総合林産企業としてロシア最大級である。「テルネイレス」本体の株式を，住友商事が11％所有している。テルネイレスの傘下には10の子会社があり，同社の持株会社には全部で3,453人が雇用されている。このうち，テルネイレス本体の従業員数は1,513人である。平均給与は沿海地方北部では最高の7,900ルーブル（約32,000円）である（Курочкина 2003）。

　STSテクノウッドの集成材は，日本においてブランド化されており，価格は日本製品と同等である。同社では，原木加工の大部分を自社工場で行っている。同社は地形に恵まれた不凍港で自前の港湾設備を有する沿海地方プラストゥン港に隣接しており，ここからそのまま日本向けに出荷されている。プラストゥン港は北洋材原木や集成材積出港として日本への供給の拠点である。日本の販

売先は全部で20社程度。STSテクノウッド社の集成管柱は操業早々にJAS認定工場となっている（図表7-2）。

図表7-2　プラストゥン港全景

写真：住友商事提供。

(2) PTSハードウッド

2000年4月に，住友商事，セブン工業，テルネイレスは，ロシア沿海地方プラストゥンにPTSハードウッド（Хардвуд）社を設立した（図表7-3）。PTSのPは工場所在地，プラストゥン市のP，テルネイレスのT，住友商事のSの頭文字を取ったものである。STSテクノウッドが針葉樹を集成材に加工する会社であったのに対し，同社は広葉樹を集成材に加工する会社である。PTSハードウッドは5,000立方メートルのカットストックおよび3,000立方メートルの集成ボードを生産している。同社の製品購入企業も住友商事である（図表7-4）。

PTSハードウッドの設立発起企業はテルネイレス（定款資本金の55.6％），住友商事（同40％），セブン工業（同4.4％）である。会社設立当初の投資金額は950万ドル相当。このうち，410万ドルは，出資企業3社が定款資本金として，残り540万ドルは住友商事が工場建設費として融資した。返済期間は6年で，融資は滞りなく返済されている。従業員数は230人で，黒字である（Курочкина 2001a，住友商事ホームページ，住友商事ヒアリング）。

住友商事は，2004年にセブン工業の株式の公開買付を行った。その結果，住

図表7－3　PTSハードウッド社工場

写真：住友商事提供。

図表7－4　カットストック工場

写真：住友商事提供。

友商事がセブン工業の議決権の所有割合50.7％を取得し，子会社化した（セブン工業ホームページ）。

　PTSハードウッドの機械設備はイタリア製乾燥室以外は日本製である。ハードウッド設立のロシア側のメリットは税収の増加と雇用創出にあると，ロシア紙「ゾロトイロック」は指摘している。PTSハードウッドのバビツキー（А. Бабицкий）社長によると，同社の作業工程の75％が機械化されており，残り

第7章　住友商事の日ロ合弁企業　● 163

図表7－5　PTSハードウッド社製広葉樹集成材

写真：住友商事提供。

25％が手作業である。最もきつい作業は機械が行っている。作業工程はコンピュータ化されている。生産工程においては廃物は出ないようになっており，環境に配慮がなされている。作業工程は実に長い。最初に製材工場で切り分けた後に挽材を屋外で6～7カ月乾燥させる。その後，乾燥室で10日間乾燥した後，半製品は木材加工場で平削りにされ，鋸でひきわりにされる。選別され，品質ごとに割り当てられ，カットストックとなる（Курочкина 2001b）。

　PTSハードウッドは，広葉樹造作用集成材で初めてJAS認定を取得した。現在のところロシアのJAS認定工場はSTSテクノウッドとPTSハードウッドの2社だけである（図表7－5）。

　ホルムアルデヒド対応については，F☆☆☆☆を可能にしている。F☆☆☆☆とは，「居室内における化学物質の発散に対する衛生上の措置」として改正（2003年7月1日施行）された建築基準法のホルムアルデヒドに関する規制において，ホルムアルデヒドの放散量が最も小さい最上位規格の区分に該当する特定建築材料に与えられる表示である。ホルムアルデヒドの放散を心配せず無制限に使える，最も安全性の高いレベルである。

　STSテクノウッドもPTSハードウッドも住友商事木材建材部によると非常にうまくいっているという。両社は日ロ合弁事業の代表例として頻繁に取り上げ

られている。なぜ両合弁企業は成功することができたのであろうか。本章ではその要因について分析・考察する。

2．合弁企業設立

　合弁企業の設立は，ロシアへの直接投資である。なぜ，住友商事とセブン工業はロシアへ直接投資をしたのであろうか。

　海外進出企業は現地の地元企業に比べ，言語，商習慣，法規制，流通システム，その他の面で不利である。ハイマー（Hymer 1960）は，直接投資するためには，海外進出企業がそうした不利な点を上回るような優位性を保有していなければならないと論じている。その優位性の源泉は，企業がもつ優れた信用力，製品開発力，生産力，マーケティング力等の能力である。

　住友商事は資金力と国際経営の経験・ノウハウ，日本の販売先をもち，セブン工業は木材加工と品質管理の優れた技術・技能とノウハウを有していた。企業は進出先の他国企業に対する**所有の優位**があってはじめて，海外市場における諸々の不利な競争条件を乗り切ることが可能になる。ロシア沿海地方には良質な森林資源があり，教育レベルの高い人的資源が低コストで容易に入手できた。そこで，住友商事とセブン工業は，ロシアへ直接投資したのである。

　直接投資の形態にも完全所有子会社，過半数所有，少数所有などさまざまある。本事例ではなぜ，ロシア側パートナーと折半所有の合弁企業を設立したのであろうか。

　合弁事業には以下のようなメリットとデメリットがある（唐澤 1996，竹田・島田 1992）。

●**合弁事業のメリットとデメリット**
日本側のメリットとしては，
　1．リスクの分散が可能である。パートナーが複数であれば，それだけリスクが分散できる。
　2．現地からは，安価な労働力の供給，人事管理の提供を受けられる。

3．現地政府から税の減免などの便宜供与を受けやすい。
4．現地市場の市場構造など市場の情報を教えてもらえる。
5．パートナーが現地企業であれば，現地社会では仲間のようにみられ，ナショナリズムの高揚に伴う批判や規制を回避したり，最小限に抑えることができる。この点は，100％出資の現地法人でやるよりも有利である。
6．輸出入だけよりも付加価値をつけて販売することができるので，大きな相乗効果が期待できる。

一方，ロシア側にとってのメリットは，
1．日本側から資本を導入できる。
2．合弁会社を通じて木材加工，品質管理などの技術が導入しやすい。
3．西側の経営管理を学べる。
4．高価格で販売できる販売先を日本側が探してくれる。

日本側のデメリットとしては，
1．経営方針の対立が生じやすい。価値観・思考・行動様式の異なる外国パートナーと協働するとコンフリクトが発生する恐れがある。
2．意思決定が遅くなる。
3．合弁を通じて提供した技術・ノウハウが相手側に漏洩する恐れがある。
4．投資による収益をパートナーと分配しなければならないので，単独事業の場合よりも，収益は少なくなる。
5．共同出資であるので，統制力が単独事業の場合よりも弱くなる。

ロシア側のデメリットは，
1．日本側にとってのデメリットと同様に，経営方針の対立が生じやすい。
2．意思決定が遅くなる。
3．単独事業の場合よりも収益は少なくなる。
4．統制力が単独事業の場合よりも弱くなる。

以上のようなデメリットを考慮に入れても，住友商事とセブン工業が合弁企業設立に踏み切ったのはなぜか。それは，ロシア側のパートナーが優れていたこと，ロシア沿海地方の森林資源が良質であったことのほかに，現地から安価な労働力を供給してもらえること，ロシア人による人的管理の提供を受けることができること，現地社会において現地企業としてみられることなどがあった。

　本合弁企業が成功したのは，ロシア側のパートナーが非常に優れていたからである。

　ロシア側のパートナーは，どのような点で優れていたのであろうか。

3．人的資源管理
3-1　優れたリーダーシップの資質：社長を現地人に

　「わたしたちはパートナーに恵まれました。テルネイレスはしっかりとした企業です。社長は現在48歳で倫理観があります。92年からパートナーシップを結んでいますが，この14年間で社長は西側のマネジメントを吸収しました。ソ連当時はマーケティングについて知らなかったわけですが，我々のアドバイスを受け入れてやっています。互いに信頼関係ができています。一緒に考えようとしています。成功のバックボーンは遵法精神（コンプライアンス）にあります。プライドを持ってやっています。納税で現地社会に貢献していますし，STSテクノウッドもPTSハードウッドも「合弁＝パートナー」の関係がしみついています。我々と五分五分の関係にあります。ロシア人はよく働きます。マネジメントクラスは9時，10時まで働いています。トップの指導が「イズム」として浸透しています（住友商事木材建材部長　富島　寛氏）。」

　住友商事の合弁相手である「テルネイレス」グループのトップ・マネジメントである**最高経営責任者＝社長**（Chief Executive Officer），シシェルバコフ・ヴラジーミル（Щербаков Владимир）氏は非常に優れたリーダーである。

　ソ連時代は，外国との取引は商品別に担当が決められている貿易公団が独占的に行っていた。日本側は，引き合いから契約，デリバリー，決済まですべて

第 7 章　住友商事の日ロ合弁企業　●────167

一貫して貿易公団との折衝が必要だった。それゆえ，日本企業のソ連時代の貿易相手は貿易公団であった。日本からの輸出にあたっては，輸入実績を問われたり，**見返り輸入**を要求される場合があり，住友商事も貿易公団とバーター取引を行っていた。**見返り輸入**とは，プラントなど大型商品の輸出を円滑に行うために，相手国製品をその輸出金額の一定割合だけ購入することである。ソ連時代には，「テルネイレス」は公団に木材を納入しさえすれば公団が契約を結んでくれたので販売先を自社で探す必要がなかった。

　しかし，ソ連が解体し，「テルネイレス」は自社で販売先を探さなくてはならなくなった。シシェルバコフ社長は，そうした変化に対し，西側のマーケティングや経営管理の必要性を認識し，それらを学び会社を良くしようという気力や責任感にあふれていた。つまり，学習能力という**知的な資質**と**道徳的な資質**を有していたのである。

　倫理観では，**コンプライアンス**上，疑義が残るような行為は「やらない」と徹底していた。そして，役職員 1 人ひとりにいたるまで**コンプライアンス**の心構えを浸透させていた。

　ソ連時代は贈収賄が蔓延し，計画経済そのものが巨大な腐敗の温床となっていた。その後，ソ連が解体し，エリツィン時代になっても，無政府状態と混乱が深まり，改革派により実施された経済の民営化が，略奪化し，腐敗や汚職が蔓延し，まともな投資ができる状況になかった。そのような状況下で，シシェルバコフ社長のように遵法精神に富む社長が存在し，日ロ合弁企業の経営が順調に推移したという事実は，ロシアとのビジネスやロシアの経済的な発展に希望を抱かせてくれるものである。

　シシェルバコフ社長は，木材に関する**専門知識**を有し，木材業界での実務経験もあった。さらに，社会環境への配慮をし，達成志向があり，自己主張ができ，決断力もあった。そして，信頼性があり，他人への影響力があり，エネルギッシュで活動的であり，自信をもっていた。圧力に屈せず，責任感があり，説得力があった。気力，堅実さ，犠牲的精神など，**リーダーの資質と技術**を兼ね備えていた。

彼の強いリーダーシップの下，従業員との間に高い信頼関係が醸成されていた。そこから，優れたコミュニケーションや高い帰属意識が生まれた。その結果，高い生産性や低い欠勤率，低い離職率という結果を生み出すことができた。それが，高い売上高，高い利益，高い品質という高業績へとつながった。優れたリーダーシップが合弁企業のあらゆる面に及んだのである。

ロシアにおける経営の意思決定は**トップダウン方式**である。**トップダウン**とはトップが発案して決定し，ミドルへ指令ないし通達する方法である。米国のトップの意思決定も普通このスタイルで行われている。

これに対して，ミドルが発案し，時にはこの案を各部門に回覧した上で，トップに上申し，トップがこれを承認する方法を**ボトムアップ**という。日本はこれが一般的である。これは**稟議制度**ともいう。**稟議制度**はミドルの経営参加という観点に立てば，優れた制度である。だが，事務処理に渋滞をきたす，責任の所在が不明確などの欠点がある。

現在，世界的な大競争時代を迎えており，トップの優れた戦略性と強いリーダーシップに依拠した「**速い経営**」が不可欠である。ロシアにおける経営の意思決定はトップダウンであり，トップが発案して決定を行っており，ロシアにおける企業経営にはなお一層優れたリーダーが必要となっている。

3－2 現地化

現在，ロシアの森林を取り巻く事情は複雑で，変化している。菊間・林田 (2004) によると，1992年時点での沿海地方の森林管理組織は，州森林管理局のもとに地区の営林署（レスホーズ）と山林区（レスニーチェストボ）が対応していた。一方，木材生産は沿海地方木材合同企業（プリモールスキーレスプロム）によって行われており，各地区に，レスプロムホーズ（木材調達企業）がある。レスホーズが毎年の伐採量を計画し，レスプロムホーズとゴスプロムホーズ（レスホーズと異なり基本的に自家用の燃材，建設用材の伐採に限定）に伐採量を指示する。しかし，合同企業つまり総合レスプロムでは許可伐採量の範囲内でレスプロム自らが裁量権をもち伐採地点を設置できる。また，ロシアの森林管理は

第7章　住友商事の日ロ合弁企業　●——169

プーチンの改革で国家森林委員会がなくなり，従来の国有林は最終的には連邦天然資源省の傘下に入ることになった。これにより森林資源の分権的管理の可能性は高まったが，プーチン政権下での森林行政改革は中央集権への回帰を強めているという。

　このように，森林を管理する機関や機構そのもの，および政策も変化している。管轄が変わりどの機関へどのような申請・報告をすればよいのかも，刻々と変わっている。このような制度の変化に日本人が対応するのは難しい。こうした変化の激しい制度の下では，日本的経営を理解し，ロシアの制度，言語，文化に通じた，優れた現地の人材が必要不可欠である。STSテクノウッドの事例ではロシアの優れた社長がその役割を果たした。

　「ロシア人を管理するのはロシア人でないとだめです。経営という点で深みがあります。日本人には限界があります（住友商事木材建材部長　富島　寛氏）。」

　現地で生産拠点を設立することは，現地の雇用確保に貢献することができる。人的資源管理において直接工場に従事する労働者の活用には特別な注意を払う必要がある。STSテクノウッドもPTSハードウッドもトップ・マネジメントは現地人である。

　なぜ現地人が社長の方がよいのであろうか。
　(1)ロシアで事業をするからにはロシアのことがわからなければならない。
　(2)ロシア語ができなければならない。
　(3)ロシアの業界，労働慣行，文化，制度などに精通していなければならない。
　(4)従業員のほとんどはロシア人であるゆえ，ロシア人が社長の方が彼らを動機づける点で優れている。
　(5)ロシア人が社長である方が，日本企業の現地での目立ちすぎる存在を防げる。
　(6)現地密着的な活動ができる。
　(7)現地国政府のさまざまな規制やプレッシャーがある。一方，ロシアでは人

間関係がモノをいう社会であり，そうした問題を解決するために，だれとネットワークを構築したらよいのかを現地人はよくわかっている。

　現地の経営理念，業界や制度，労働慣行等は，それぞれの国や歴史や経済・社会・文化的環境の強い影響の下に成立している。現地では，たとえ日本的経営が優れていると考えられる場合でも，それをそのまま海外移植することはできない。どうしても，現地的経営とのハイブリッド化が必要となる。
　本事例では優れた現地人社長に権限を大幅に委譲し，日本的経営を行ってもらった点で経営のハイブリッド化といえる。このように，**日本的経営と現地的経営を混合化（ハイブリッド化）**し，第3の新しい経営を創り出す必要がある。

3－3　人材採用と奨学金制度

　「ワーカーの賃金は10,000～18,000円です。平均よりもそれほど高いわけではありません。少し高い程度です。ホワイトカラーには奨学金制度を作りました。社長が自らウラジオストクやハバロフスクの大学へホワイトカラーの人材を探しにいっています。人材は育成していくしかありません。まじめな人間を採用しています。」

　「経営は人なり」といわれるように，ロシアにおける経営においても，人は，経営資源のなかで，重要だ。人はそれぞれ資質・能力が異なる。合弁企業の経営においても，現地の市場に立地し，市場の情報を探り，人的資源管理ができ，戦略を構築できる優秀な人の活用が必要である。
　住友商事のパートナーである「テルネイレス」は，ロシア極東の次世代のリーダー育成を目的にロシア極東の学生への支援を行っている。奨学生の選考や授与式の運営は，きめ細かなフォローアップを行っている。
　奨学金制度の構築は現地社会への貢献にもなる。現地の人材育成への投資は，現地におけるテルネイレスの**企業市民**としてのイメージをつくることにもなり，プラスに作用している。

3-4 教育・訓練

現地従業員の労働意欲を高め、生産性向上を実現するには、彼らの技能研修が必要不可欠である。

「ソ連は輸出公団で貿易をしていましたので、ソ連側の一方的なバーター取引でした。バーター取引の意義が薄れ、木材をやめようと思っていました。ですから、失うものは何もありませんでした。そんな中で、テルネイレスと一緒に合弁をやることになり、一から日本のスタンダードを導入し、顧客第一主義でやりました。顧客満足を徹底して教育しました（住友商事木材建材部長　富島　寛氏）。」

●顧客満足

顧客満足（CS：Customer Satisfaction）とは、顧客の満足が最大限になるように全社的に1つのシステムに基づいて商品サービスを提供することである。現代の成熟した社会においては、企業本位では商品やサービスは売れない。顧客本位によって、顧客のニーズをチェックし、経営戦略を再構築する必要がある。

住友商事は、まず合弁企業の社長ら経営幹部に「顧客第一主義」「顧客満足」の理念を教育し浸透させた。そして、社長ら経営幹部から従業員へ「顧客満足」を「イズム」として徹底させてもらった。その経営理念の確認を繰り返し行い、浸透と理解を図っていった。その結果、「顧客満足」の重要性と必要性について全社的に納得・理解してもらうことができた。

STSテクノウッドもPTSハードウッドも販売先は主として日本市場である。日本市場はますます高い品質の製品を求めるようになっている。日本の顧客満足を得られる製品を生産できなければ会社の利益は出ず、会社を成長させ、発展させることはできない。そのためにはコスト、品質、納期などの点で日本の高い水準を満たす必要がある。住友商事らは、経営理念として「顧客第一主義」「顧客満足」を掲げ、合弁企業のパートナーを教育し、理解させた。

教育方法としては，社長ら経営幹部を日本研修へ派遣し，**OFF JT**（Off the Job Training）により教育した。**OFF JT** は，職場を離れ集合して行う教育を指す。外部講師による専門教育，管理者としての心構えやリーダーシップの理論を学ぶ管理者教育を行った。これにより，経営者らは幅広い知識を得ることができた。

　たとえ優れたリーダーであっても，社会主義時代と同じ経営では西側には通用しない。合弁企業の経営では，共有化された価値や理念，向かうべき方向性や行動規範を示すことで，合弁企業全体の目標を収斂していくことが必要だ。住友商事らは共通の価値を個々のメンバーに内面化させるために OJT や OFF JT による継続的な教育投資を行っていった。そして，社長とともに価値の共有化と同時に会社の置かれている状況や市場の変化，売上などを知らせる情報の共有化を図った。従業員には全部オープンに企業情報を開示していった。オープンにしたことで意思疎通における誤解は生ぜず，コンフリクトも生じなかった。そして，良い製品を作ることに励むことができた。情報開示はチームワークを高めるうえで大切だ。

4．生産管理

　海外でどのように優れたものをつくるかは，**生産管理**のシステムがものをいう。ロシアについても同様である。優れた製品をつくる能力が企業のもっている**経営管理**のノウハウであり技術である。

　モノづくりは，資本や労働力，原材料などを投入して，有用な財を産出する。企業は財を生産し，販売することによって価値を創造し，利潤を獲得する。売れる製品を作ること，良い製品を安く早く作ることは，企業の**存続**と**成長**にとって非常に重要である。

　日常的な生産活動においては，人（Man），設備（Machine），原材料（Material），作業方法（Method）という4Mをマネジメントすることが必要である。企業はこの4Mを適切にマネジメントすることによって，良い製品を，早く，安く，生産しなければならない。したがって，**品質**（Quality）・**コスト**（Cost）・

納期(Delivery)の管理が重要になる。生産管理の目的は,「良い品(品質=Quality)」を「安く(原価=Cost)」「必要な時(納期=Delivery)」に供給する体制を作ることともいえる。なかでも重要なのは「良い品」を生産する品質管理である。

品質管理(Quality Control)

「品質管理はうまくできています。QCサークルや研修会がシステマティックにできます。STSテクノウッドもPTSハードウッドもこういうことが問題になっているとか,シフトの問題など毎日1～2時間会議をしています。欠陥品があると,どのシフトのどのオペレーターかがわかる商品番号がつけられています。欠陥品は実際に送ってもらい,担当者は減給にしています。クビもありえます。セブン工業が一からQCサークルや品質管理を指導しました(住友商事木材建材部木材第一チームリーダー 田中太郎氏)。」

品質管理(QC:Quality Control)は,製品やサービスの質を向上させるための考え方や手法の体系をいう。日本のTQC(総合的品質管理:Total Quality Control)は,QCサークルと呼ばれる作業者集団が「Plan(計画)→ Do(実行)→ Check(評価,チェック)→ Action(見直し)」というマネジメント・サイクルに従って自主的に職場改善を進めるところに特徴がある(井原 2001)。

●ゼロ・デフェクト運動とQCサークル

顧客満足(CS:Customer Satisfaction)運動の一環として,両社では,**ゼロ・デフェクト運動**,すなわち,**不良品撲滅運動**を行っている。これは,不良品をゼロにしようとする運動である。そのために品質管理活動を推進していった。第一線監督者である班長と作業員で小集団「**QCサークル**」が作られ,小集団のリーダーには,班長がなった。QCサークルという小集団として活動することによって人間関係が円滑になり,同志的な結合を強化することになった。その結果,作業員らに品質意識や改善の意識が自発的に生まれ,参画意識が高揚

されていった。QCサークルは，日常的に続けられている。そこでは，日常の管理項目や異常について検討しあい，改善点が出されている。苦情対策や不良品撲滅で決められたことは，班単位で実行に移している。班のリーダー全員で問題点を発見し，その解決法を考え，試行し，チェックしている。そして，それがうまくいけば管理方法を決定し，定着を図っている。最初は全員参加の方式はとらずに，班長だけメンバーにして実施し，その後に一般作業員にまで輪をひろげていった。

　STSテクノウッドとPTSハードウッドのQCサークルでは，以下のようなプラスの点がみられた。
1. 作業者はそれぞれ独立に仕事をするのではなく，互いに関連し合いながら，チームとしてそれぞれの持ち場の作業をした。協同関係にあるので，作業者間に良好なチームワークが形成された。
2. 作業者の1人ひとりは持ち場の仕事を確実に遂行した。欠陥品を出すと減給になるため一生懸命に仕事をした。このことが高い生産性と高品質を達成するうえで重要な意味をもった。
3. QCサークルにより，現場の作業者たちは製品や作業方法，生産設備などについて，改善の余地がないか，どこをどのように変えれば不良率が下がるか，コストが下がるかなどを日常的に考えるようになった。欠陥品を出すと減給になるため，不良品撲滅のためにはどうしたらよいのかを一生懸命に考えた。そして，生産設備や品質管理のシステムやプロセスなどさまざまな面で，**小さな改善**が日々刻々と積み重ねられていった。こうした小さな改善を積み重ねることで，高生産性のもとで高品質の製品の生産が可能になった（図表7-6）。

QCサークルと**提案制度**は，日本の工場で広く実施されており，いまや世界的に有名である。ソ連時代には「悪平等主義」がはびこり労働意欲やイニシアティブが欠如していたロシアにおいても，大きな成果をあげることができた。それは，欠陥品を出すと減給される給料体系になっていたこと，現地の平均よ

図表7－6　面取り

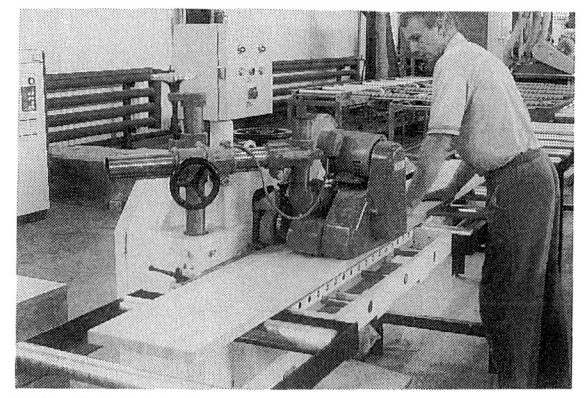

写真：住友商事提供。

りも給与がやや高めであったこと，ロシアの作業者の教育水準が高いことなどが成功要因として挙げられる。

日本的品質管理はロシア企業にとっては思想革命である。なぜならば，ソ連時代は，森本（1997）が述べているように，行政指令制度のもとで，企業は，国家が発注し，国家が買い上げる「国家市場」に製品を供給すれば，企業独自のマーケティングを行わなくても，企業経営は成り立っていた。こうした「国家依存症候群」が蔓延していたので，企業は競争力をつける必要はなく，コスト志向的な企業活動や徹底した**品質管理，工程管理**が実現しないシステムが作動していた（森本 1997）。

さらに，ソ連時代は，すべての労働者を「並に処遇する」ことの裏返しとして，「**悪平等主義**」がはびこり，そのために労働意欲やイニシアティブが欠如し，生産ラインの改善に対する創意工夫や提案への無関心が日常化していた。

これに対し，日本的な品質管理は，従業員1人ひとりの労働意欲やイニシアティブが中心である。そして，その能力を引き出し，相互の自己啓発を通じて生きがいを培い，参加意識と一体感を高めることが狙いであり，それを両社では実現したのである。品質管理を中核とした全員参加の経営では，経営の現状を認識し，いかに全員の意見を反映させていくかが目標になる。そのなかで職

場のチームワークのあり方を各自で考えるようになる。

5．環境への配慮

環境への配慮として，住友商事のパートナーである「テルネイレス」が森林認証の取得をしている。これは同社の独自的かつ画期的な動きといえる。

5－1　森林認証取得

世界の森林管理において信頼できる管理を促進する国際的なネットワークに，国際的な非営利団体，森林管理協議会（Forest Stewardship Council：略称FSC，本部・ドイツのボン）がある。FSCは，環境保全の点で，適切で，社会的な利益にかない，経済的にも継続可能な森林管理を推進することを目的としている。伐採，搬出，育林などの森林管理の現場において守るべき基準を設定し，そのような森林管理がなされているかどうかを，信頼できるシステムで評価し，FSCにより認定された認証機関が認証している。適切な森林管理がなされていると認証された森林から出された木材・木材製品には，FSCのマークが付けられている。

FSCマークは，環境に配慮した森林経営を行っている森林からの木材や木材製品という付加価値をアピールすることが可能であり，環境問題に関心の高い消費者の判断材料になる。

2004年11月，FSCの認証をテルネイレスが取得した。ロシア極東においては，ソ連崩壊後，木材の違法な伐採や取引が横行してきたため，民間国際自然保護NGO，世界自然保護基金（World Wide Fund for Nature：WWF）をはじめとする多くの環境団体が，森の保全と持続的な利用の推進を求めてきた。そして，2004年の2月，環境NGOが，テルネイレス社の開発計画が，地域の自然環境や先住民への配慮に欠けるとして，その是正をFSCの認証機関に求めた。これを受けて，話し合いを続けてきた結果，テルネイレスはFSCの認証を取得した。2004年12月には，環境NGOとテルネイレス社との間で，サマルガ川流域の一部を自然保護区とするため，WWFロシアを含む環境NGOと共同で，追

加の調査を実施すること，さらに調査の最終結果を入手しないうちは，当初定めた保護区内での道路建設や伐採に着手しない旨の合意書が取り交わされた。

5－2　CC（corporate communications）とリスク管理

環境問題への対応は，従業員，社会貢献，文化支援などと並び，企業にとってのコミュニケーションの1つである。CC（corporate communications）の考え方には，企業の「**リスク管理**」の視点が新しい重要な意味をもって組み入れられている。CCとは，外部環境の変化を内部化し，企業イメージを好感度の高いものに保ち，それを企業文化にまで高めることをいう。つまり，CCの目的は企業変革にある。現代においては企業行動が地域社会に与える影響がかつてなく大きなものになっている。ロシアにおいても，環境保護運動に対する市民意識がますます高くなっている。マスコミやNGOの目も，企業に対して厳しくなっている。企業は社会の動きと連動しつつ経営を行っていく必要がある。その意味では「FSC」の認証取得は社会問題への解決に取り組む社会投資であると捉えることができる。企業は**企業市民**として地域から受け入れられなければ存続成長を維持することは難しい。それを実現してはじめて優れた人材の採用が可能になる。環境問題などの時代の社会的要請を企業は先取りし，それを経営理念に加え，経営革新をたえず行っていく必要がある。

また，「テルネイレス」が立地するロシア極東には，ロシア科学アカデミー極東支部，極東諸民族歴史・考古学・民族学研究所所長のビクトル・ラーリン氏によると，中国人が極東の貴重な森林を非生産的な方法で利用し略奪しているという印象があり，ロシアの中国に対するナショナリズムを台頭させている（Larin 2004）。将来，日ロ合弁企業は極東の貴重な森林を非生産的な方法で利用し略奪しているというような批判が起こらないとも限らない。こうした起きるかもしれないナショナリズムに対し，所有の現地化，現地国民経済への貢献，**企業市民**としての現地社会への貢献，経営の現地化などで対応し，進出先の現地経済の発展に積極的に寄与することを企業として広告することも求められている。企業の環境政策は，環境保護運動が高まっている現在では，企業市民と

して必要不可欠となっている。

6．人　脈

　ロシアのビジネスは，ラダエフ（2003）によると非公式的な規則によって構築されている。そして，ロシア企業の優位性はその非公式的な規則の知識と"行政的な"資本を有する点にある。換言すると，ロシア企業は他企業や監督機関の担当者との関係のネットワークにビルトインされているという。外国企業であれば，問題解決のためにロシアの管理者や専門家を引き寄せないといけないが，ロシア企業はその必要がない。外国企業は，この特別な資本を入手しにくい。それゆえ，合弁企業にとってロシア企業がもつ"行政的な"資本を得，非公式的な規則の知識を獲得することは大切だ。

　ロシアでは第6章で述べたように，ビジネスに政府，政治家，地方政府，官僚が大きく絡んでいる。プーチン政権下ではシロビキ，すなわち旧KGB人脈，特に**連邦保安局（FSB）**関係がものを言う。彼らが「クルィシャ」（擁護者）として企業を守ってくれるからである。政権が変わると，新たな力をもつ人物が擁護者となる。それゆえ，政府とのつながりをたえず考慮に入れなくてはならない。ロシアにおいてはこうした人間関係のネットワークが重要だ。どこにどのような人脈を構築したらよいのかは，現地人が一番よく理解している。

7．むすび

　本章では，STSテクノウッドとPTSハードウッドの日ロ合弁企業がなぜ成功しているのかについてその要因を分析・考察してきた。それは以下の通りである。

1．優れたパートナーと社長
2．徹底した顧客満足教育と品質管理教育
3．環境への先駆的な政策
4．安定した需要（販売先が日本など外国にあったこと）
5．企業市民として現地社会への貢献

6. 現地化の推進と現地での人脈
7. 良質で廉価な原材料
8. 現地の人脈

　STSテクノウッドとPTSハードウッドに対して，住友商事は「顧客満足」「顧客第一主義」という経営理念を教育し，繰り返し説いてきた。従業員はそれが有用な命題であることを理解し，品質管理を担うことに満足しながらその推進者として大きな力を発揮し，高い顧客満足の追求に向かってくれた。
　日本市場が求める品質は常に厳しい。現地生産を成功させるには，経営者の育成と従業員の訓練に依存している。合弁企業のトップ・マネジメントを含めた人的資源管理と生産管理が，その生産の成否を決める。TQC，QCサークル，品質志向，顧客満足の追求，小さな改善の積み重ね，現地企業よりも少し高めの給料，現場訓練などをインセンティブとして生産現場のモラルを高め，上からの強いリーダーシップとQCサークルによる下からの力により高い生産性，高い品質を達成することができたのである。

【参考文献】

Hymer, S. (1960) *The International Operations of National Firms* Doctoral dissertation, MIT. Published in 1976, Cambridge, MA:MIT Press（スティーブン・ハイマー『多国籍企業論』（宮崎義一編訳）岩波書店，1979年）.

Larin V. (2004) "Russian-Chinese Cross-border Relations", The Russian Research Seminar Toward the New Partnership between Russia and Japan in Asia, Oct. 8, 2004, Sponsoring Organization The Sasakawa Peace Foundation Secretariat North Pacific Region Advanced Research Center (NORPAC).

КУРОЧКИНА., Т. (2001a) 'Братья "...Вуды"' *Золотой Рог*, No.76, 2 октября 2001 г., http://www.zrpress.ru/2001/076/b006.htm （2005年5月1日アクセス）.

КУРОЧКИНА., Т. (2001b) 'Тврдое дело "Хардвуда"', *Золотой Рог*, No. 72, 19 сентября 2000 г., http://www.zrpress.ru/2000/072/b003.htm（2005年5月1日アクセス）.

―― (2003) 'Из лесу, вестимо…', *Золотой Рог*, No.69, 4 сентября 2003 г., http://www.zrpress.ru/2003/069/p013.htm（2005年5月1日アクセス）.

Радаев В. (2003) "Изменение конкурентной ситуации на российских рынках（на примере розничных сетей）", *Вопросы Экономики* No.7 2003.

浅川和宏（2003）『グローバル経営入門』日本経済新聞社。

井原久光（2000）『テキスト経営学増補版』ミネルヴァ書房。

唐澤宏明（1996）『国際取引―貿易・契約・国際事業の法律実務』同文舘。

工藤秀幸（2003）『経営の知識』8刷, 日本経済新聞社。

竹田志郎・島田克美（1992）『国際経営論―日本企業のグローバル化と経営戦略』ミネルヴァ書房。

森本忠夫・杉森康二・江南和幸（1997）『ロシアは何をつくったか』草思社。

吉原英樹・林　吉郎・安室憲一（1988）『日本企業のグローバル経営』東洋経済新報社。

【資　料】

森林管理協議会ホームページ http://www.fsc.org/（2005年5月18日アクセス）。

住友商事ホームページ http://www.sumitomocorp.co.jp/ir/report/doc/2000f/inv2000_04.pdf（2005年5月8日アクセス）。

世界自然保護基金ホームページ http://www.wwf.or.jp/（2005年5月18日アクセス）。

セブン工業ホームページ http://www.seven-gr.co.jp（2005年4月30日アクセス）。

日本適合性認定協会ホームページ http://www.jab.or.jp（2005年5月8日アクセス）。

第8章

日ロ合弁企業から100％販売子会社へ
── A社の事例研究※ ──

1．A社の概要と現状

　A社は日本のB商事が1992年に現地企業50％，B商事50％の出資比率で，ロシア沿海地方ウラジオストクに設立した会社が母体となっている。A社はトヨタの正規サービスステーション（TASS：Toyota Authorized Service Station）である。

　B商事の自動車ビジネスは1970年代に海外卸売り（ディストリビューター）事業に進出したことに始まる。その後，日本メーカーの海外生産拡大に伴う輸出の減少に対応し，小売（ディーラー）事業への展開を進めた。1990年代に海外自動車金融事業を開始。現在，世界各地でディストリビューター約20社，ディーラー約90カ所，自動車金融会社14社を運営し，輸出や現地販売に加え，メインテナンスやリース・オートローン・保険等の金融サービスなど，幅広いサービスを提供するバリュー・チェーンを形成している。

　A社はB商事のグローバルな自動車バリュー・チェーンにおけるディーラーの1つである。

　A社の創業時はトヨタ車の修理・メインテナンス，部品販売などのアフターサービスが目的であった。その後，金融危機から現地の合弁相手の資金繰りが悪化し，ロシア側保有株の買取を依頼される。99年に株式を買い取り，B商事100％出資の子企業になった。資本金は15,081,000ルーブルである。

※　本章作成にあたり，B商事株式会社広報部，A社御担当の方々よりご協力を賜りました。記して感謝申し上げます。なお，A社，B商事の企業名，A社御担当者の方々の個人名は，面談先の要請により，明記いたしません。

A社の本社はウラジオストクにあるが，そのターゲットとする市場はロシア極東全体である。新車販売の拠点をハバロフスク，ブラゴベスチェンスク，ベロゴルスク，ユジノサハリンスク，ペトロパブロフスク・カムチャツキー，ヤクーツク等に置いている。現在，A社は，新車販売，部品・タイヤ等の販売，自動車（新車・中古車）の点検整備・修理を行っている。

　同社の主要顧客は企業，政府機関などの法人である。同社副会長によると，2000年1月に，新車購入時に個人顧客に対して課せられた自動車購入申告制度が導入され，個人顧客のほとんどが姿を消してしまったという。自動車購入申告制度とは新車購入時に交通警察に申告し，それを警察が税務署に通告し，税務署が購入費用の財源を調査する制度である。同制度の導入以前は，個人顧客が新車購入台数の約40％を占めていた（ジェトロセンサー　2001年7月）。

　同社の新車販売実績は，金融危機後の1999年から右肩上がりで伸びている。ロシア極東地域でも，富裕層が現れ，高級品のニーズがみられるようになったためである。2003年には新車500台を販売することができた。このうち，7割はランドクルーザーである。原油高に支えられた好調なロシア経済と2001年1月の税制と関税の変更が追い風となっている。ランドクルーザーの物品税は，2,500ドルから50ドルへと大幅に軽減された。輸入関税は，乗用車で30％から25％軽減された。VAT（付加価値税）などを含め，それまでCIF（運賃保険料込条件）価格の約70％を納税しなければならなかったが45％まで軽減されたためである。

　人気のあるトヨタモデルはランドクルーザー，カムリ，RAV4，ハイエースである。A社の顧客は車の受け渡しからトヨタ自動車の国際的な保証政策に沿って36カ月あるいは10万キロまで無料でトヨタ正規サービスステーションで修理を受ける権利が保証されている。

　沿海地方では24万台の自動車登録のうち，右ハンドル車が99％。日本からの輸入中古車，その90％がトヨタ車であるという。日本に近い沿海地方ではトヨタ車の人気が非常に高い。A社によると，ロシア極東での買い替え需要は大きく，現在は中古車のユーザーであってもアフターサービスを地道に続けていく

ことで新車への買い替えへつなげていく長期的な戦略だという。現在従業員は修理・メインテナンスなどサービス部門を含め160人である（2005年4月現在）。

ロシア極東の市場の大きさは，ロシア全体の20分の1程度であるという。同社はこれまで特別なトラブルもなく，着実に売上を伸ばしてきている。B商事はどのような政策を採ってきたのか。そして，どの点が経営上プラスに働いてきたか。

本章ではロシアにおいて現地子会社が成功裏に事業展開を行っていくための要因について検討する。

2．人的資源の活用

「ロシアビジネスで大切なのは人材の採用と育成です。」

「経営は人なり」といわれるように，ロシアにおける経営においても，人は，経営資源のなかで，重要な意味をもつ。人はそれぞれ資質・能力が異なる。現地子会社の経営においては，現地の市場に立地し，市場の情報を探り，戦略を構築できる人の活用が求められる。市場の特徴についての知識，すなわち，**「市場特殊的知識」**は市場の経験を通してしか獲得できない。ロシアのビジネス環境，文化様式，市場システム構造，顧客企業，行政府への対応等に関する知識は，一般的には，本社からの派遣者よりも，現地の人の方が豊富である。これは経験的知識であり，人に蓄積されるが，他の個人には移転できない。このような人材をどのように確保し，育成していくかが大切である。現地情報の活用のためには優秀な現地人の確保が必要だ。

2－1　現地化

伝統的な日本企業の人的資源モデルは日本人による管理である。しかし，A社は，現地特有の知識や経験，ノウハウを活用し，現地スタッフを活用するために現地人を社長にした。このことにより，州政府などとの対外的な交渉，従業員の管理をスムーズに行えている。

B商事からは，日本人を副社長として派遣している。副社長はA社の取締役会のメンバーである。このように経営資源がB商事本社から支援されており，A社は，B商事の経営活動の一環として機能している。「出資するだけでなく直接経営にかかわっている」ことが重要だと，A社担当者はロシアにおけるリスク経営のポイントを指摘している。副社長以外はすべて現地人であり，現地化が進められている。**現地化**とは，進出先の**経営資源**をできるだけ活用し，進出企業の内部経営活動に取り入れることである。経営資源とはヒト・モノ・カネ・情報である。A社では，従業員やミドル，トップ・マネジメントレベルの人材を活用している。

 ロシアにおいては西側のビジネス基準，法の支配，倫理的なビジネス規範などがまだ確立されておらず，フォーマルな制度よりもインフォーマルな人的な関係がものをいう。相互信頼に基づいた個人的な信頼関係や協力関係に基づいた企業外ネットワークの構築が重要になっている。企業外ネットワークの構築は，日本人が行うよりも，現地をよく知る現地人にやらせた方がいい。

2-2 教育・訓練

 現地従業員の労働意欲を高め，生産性向上を実現するには，彼らの技能研修が必要不可欠である。

(1) サービスエンジニアの教育

「修理部門の教育は，サービスエンジニアをかかえて教育しています。日本人がロシア人のサービススタッフの上の方を教えて，彼がその下にいるサービススタッフを教えます。トヨタ公認のトレーニングセンターが社内にあります。ここで，インストラクターを通して入社後に教育を行っています。若い人を雇う場合は，見習い期間を設けて，その後，正社員にしています（B商事のA社担当者）。」

 サービスエンジニアは，車検から整備，点検など，自動車のメインテナンス

を行っている。サービスエンジニアは，自身の技術，知識とプロとしての自覚を身に付けるための「トヨタ技術検定制度」を中心に能力の向上を図り，技術を磨くためのバックアップ体制を取っている。年次・能力別に分けたフォロー研修も行っている。技術者の研修に力を入れており，同社が販売するトヨタ車の信頼は極東でNo.1である。

(2) 営業の教育

「顧客満足の教育は徹底的にしました。日本人講師を派遣したり，経営幹部には日本へ出張にきてもらって，腑に落ちる形で行いました。修理や部品部門は修理を行うところですが，そこでも顧客満足を向上させるよう教育しました（B商事のA社担当者）。」

A社は，ロシアにおいて，CS（顧客満足）を会社方針に掲げて，顧客第一主義と顧客により質の高いサービスの提供を目指している。特に**既存顧客**の満足度を最大化することを事業方針としている。顧客満足の追求には顧客との関係性の構築が必要となる。

顧客との関係性の構築や維持のための営業活動を**リレーションシップ活動**と呼ぶ。それには営業担当者に高度な知識やノウハウが必要となる。しかし，この知識やノウハウは一朝一夕に獲得できるものではなく，優れた営業担当者を育成するには時間とコストがかかる。だが，営業要員の能力が企業の**競争優位**の源泉になる。いかに人材を短期間で育成できるかが企業の競争力を左右する。

そのために，A社では営業部門における人的資源管理の **OFF JT** に加え，上司や先輩から学ぶ **OJT** をシステマティックに実施している。リレーションシップ活動は営業部門の努力だけで解決できるものではない。A社では「顧客第一主義」の経営目標の下，徹底した顧客志向の組織を目指し，営業社員を教育しており，全社教育の一環として行われている。

特に，営業スタッフには，常に顧客の視点に立ち，親身になった対応，きめ細かな配慮を行える教育をしている。営業スタッフには，顧客にトヨタの最高

の品質と安心を提供し，顧客との信頼関係を構築する使命感をもたせている。これは「トヨタ営業マインド」の教育ともいえる。「トヨタ営業マインド」に基づき，正確にタイムリーに業務を遂行できる行動規範「トヨタスタンダード」に必要な知識や技術が習得できる「ステップアッププログラム」も導入し，教育している。

2-3 労働意欲へのインセンティブ

労働意欲へのインセンティブとして，利益と報酬の連動した給与体系にしている。こうして，従業員の「やる気」を喚起しなければ，顧客と積極的に関係性を図ろうという気にはなれない。A社では，あらゆる機会を通じて，顧客満足追求の経営の姿勢について教育している。顧客満足を獲得できれば顧客はトヨタの自動車を購入してくれる。修理やアフターサービスも利用してくれる。それによりA社の利益が増えれば，従業員の給料も上がることを説いている。こうして従業員の「やる気」を喚起している。

3．顧客満足とロシア
3-1 消費者不在の社会主義時代

社会主義時代は「不足経済」であった。売り手市場であったので消費者は自動車を購入するには7～10年も待機しなければならなかった。消費者は購入させていただく立場にあった。このように消費者の立場は非常に弱く，**生産者主権**で経済全体が機能し，売り手が威張っていた。国家を背景としての「売り手市場」のもとでは，最終需要からのフィードバックが働かない。その結果，需要のない製品が生産され続けた。コスト，品質，機能，デザインなどが等閑視され，消費者は不在であった（コルナイ 1984）。

こうした社会主義体制のソ連邦が1991年に解体した。消費者不在の**生産者主権**であった経済社会に，その正反対の**消費者主権**の教育をすることは一見困難であるように思われる。

しかし，ソ連邦の解体からおよそ15年が経過し，世代交代が進んでいる。A

社で働く従業員は平均年齢35歳と若く，皆勤勉であるという。顧客満足の教育もうまく吸収することができた。

3－2　顧客満足の追求

「ロシアの顧客は限られています。ですから，顧客をつかんだら離しません。電話をかけてます。修理もガレージ予約にしても顧客を待たせません。車検や一年点検でも，入庫を待たせません。車の修理が終わって出てくるまでも待たせないようにしています（B商事のA社担当者）。」

　顧客に継続的に購入させたいのであれば，**顧客満足**を最大限に高め，顧客との関係をより強固なものにしていくしかない。マーケティングの重要な目的は**顧客満足**の充足にある。顧客こそがマーケティングの主役である。A社では，自動車購入後の各種**アフターサービス**において，顧客を待たせないなど顧客にとっての**価値を提供**し続けている。

　自動車販売はメインテナンス，保証，アフターサービス等々，顧客と継続的・長期的に関係がある。同社は自動車購入後の長期にわたるメインテナンスや事故対応などのサポート体制の充実を通じ，「**顧客との親密性**」を高めている。顧客購入後のアフターサービスや，その後の買い換え促進などのチャンスを逃さないよう最大限努力している。**アフターマーケティング**を通じて顧客の**顧客ロイヤリティ**を獲得している。こうした**アフターマーケティング**とは，売った後から始まるマーケティングであり，既存の顧客に徹底的につくすことにより顧客を維持し，自社の推奨者となるようなロイヤルな顧客にまで引き込むマーケティングを意味する（原田・三浦編 2003）。そのために，サービスにかかる時間とサービス後の車両返却などのサービス・デリバリーにかかる時間を最小化し，**関係性**を重視している。

　営業部門は，特に商談がなくても**既存顧客**と定期的に電話などで接触し，関係の維持を図っている。不特定多数の潜在顧客への新車販売よりも，**既存顧客**との関係性を強化する「**カスタマーリテンション（顧客保持）**」を営業の柱とし

ている。

　このように，A社では，**顧客との関係性を増幅する**という考え方に基づくマーケティングを展開している。通常の営業活動に加えて，顧客の要望や意見，クレーム等を収集するために，電話をするなど顧客とのインターフェイス（接点）を生かしたコミュニケーションに努めている。

　顧客インターフェイスは，売買活動を中心とする企業と最終顧客である消費者との接点を意味する。また，商談の際には，営業現場社員，店頭営業社員，サービスエンジニア，ショールームスタッフが，現場で素早く緊密に連携することで，高い顧客満足度を実現している。

3－3　来店営業

　A社は，新車販売，中古車の販売・買い取り，自動車のアフターメインテナンス全般にかかわる整備・修理，本社ショールームへの来店を重視するため，専任の顧客対応スタッフを配置し，きめ細やかな接遇を行っている。

　そして，点検・修理（サービス）を充実させショールームに顧客が訪問する「**来店営業**」を定着させた。ショールームでは確実な見込み客を発掘または獲得して，店舗を舞台に顧客に親しまれるコミュニケーションを図ろうとするチームワーク主体の来店対応型活動が進んでいる。

　店舗の設置は費用のかかる**顧客インターフェイス**であり，短期間でその費用を回収できない。**常設店舗**で**顧客インターフェイス**を行う場合，長期にわたりそこで活動することが前提となる。これが消費者の**信頼形成**に役立つ。問題が発生しても店舗に行けば対応してもらえることも，リスクの回避という意味で信頼形成につながる。常設店舗は消費者にとって信頼の担保となっている。

　「修理顧客の6～7割はフリート・ユーザーです。フリート・ユーザーへは出向いて商談を行っています。一般のお客さんは来店営業です。ロシアでは，隣人に対する警戒感が強いので個別訪問をしていません。」

フリート・ユーザー（fleet user）とは，州政府，政府関係，企業などへ一定数以上まとまって販売される車を指す。フリート・ユーザーは**既存顧客**であり**常連客**である。そして，最も大切にすべき得意顧客である。そうした顧客には直接出向いて営業活動を行っている。

一方，一般客に対しては，訪問活動による**潜在顧客**発掘という既存の手法はとらず，1営業拠点ショールームにおける高品質なサービスを行っている。ロシアにおいては訪問販売は行わないという。それはなぜなのか。

ロシア社会は，袴田（1998）によると，バザール社会であって，基本的に社会全般に信頼関係が欠如し，法秩序が確立されておらず，約束や契約も遵守されないリスクの多い社会である。バザール社会における交渉スタイルは，外の社会に対しては不信感を有し，あらゆる交渉において，プライベートな関係や，非公式の接触が決定的に重要な意味をもち，同じ共同体の内と外では，異なった二重の基準が適用される。ロシア人は「ジェムリャキ（同郷人）」に対しては共同体内の原理原則を適用する傾向にある（袴田 1998）。つまり，ロシアでは，同郷人や仲間内の関係においては信頼関係のある市場に親密な関係が構築される。その反面，共同体の外の見知らぬ人に対しては冷淡な態度を取り，強い警戒感をもつ。したがって，A社は訪問販売は行っていない。

3－4　夢を売る顧客インターフェイス：ショールーム

A社は，2004年4月からロシア極東で初めて前面ガラス張りの本格的なショールームに改装した。以前は鉄格子でガードされ，外から目立たないところで販売されていた。現在ではショールームに，ランドクルーザーなどを陳列し，上品な接客を行い，A社を訪れる人が自動車の修理・メインテナンスを行うとともに，そこで車を見る行為自体に喜びを見出すように演出している。ショールームへ来訪する顧客は，**潜在顧客**である。トヨタ車に魅了され，やがては購入したいと思わせている。顧客にとってはトヨタの新車を見るという行為自体が楽しみの1つであり，顧客インターフェイスの成否を左右する要因となっている。

消費者にとって顧客インターフェイスは，売買される商品とともに欲求充足の対象そのものである。その場をいかに適切にマネジメントするかが，顧客インターフェイスの成果を高めるうえで重要となる。ロシア極東において，A社は，顧客に夢を売り，トヨタの熱狂的なファンにし，**顧客ロイヤリティ**を確立させようとしている。

4．人脈の構築

A社は，現地社会への貢献，経営の現地化などロシアの現地経済の発展に積極的に寄与していることを示している。その1つとして地方政府との対話を通して信頼関係を築き，現地社会へ貢献していることを伝えている。

地域社会への貢献を示すには，「ステーク・ホールダー」の範囲を広げる必要がある。「**ステーク・ホールダー**」（利害関係を強くもった人々）とは，従来は従業員と株主を中心に，顧客・消費者などを指した。グローバル化のなかでは海外諸国との関係等の企業経営上で重要な影響力をもつ政治家や学者，地域社会，連邦政府や州政府等を広く含むものとして考えられている（竹田編 1994）。

ロシアにおいても，消費者，地域社会，マスコミ，政治家，連邦政府，州政府などとの「**企業外ネットワーク**」の形成という，多様なネットワークの構築を行う必要がある。これは企業と社会とのよりよい関係の構築を図る**企業広報**になる。ある企業活動に対しロシアに社会的不満が形成され，それを公共政策として導入されてしまうことがないよう，最善の企業努力を早期に行うのが**企業広報**の役割である。それが，企業の「**リスク管理**」（risk management）になる。

A社は直接的・間接的に地域社会や社会全般との関係性を構築している。ロシアにおいてはとりわけ，各種許認可権を握る行政府やロシア政府，官庁などがビジネスと密接な関係にある。ある企業活動に対し問題が生じたときにクルィシャ（擁護者）となってくれる人脈が，ビジネス環境が不透明なロシアにおいては特に必要だ。同時に，地域社会や社会全般との間の関係性作りもリスク管理の点からも重要である。

ロシアにおける事業展開には**人脈**が重要である。政府レベル，州政府レベルなどあらゆるレベルにおいて緊密な関係を築き，それを育成していくことが大切である。

5．むすび

本章では，A社設立から今日に至るまで，何が経営にプラスに作用したのかについて検討してきた。B商事のA社の経営面で優れた点は以下の点である。
1．社長を現地人にし，**現地化を進めたこと**。
2．B商事から副社長を派遣し**直接経営**にかかわっていること。
3．徹底した**顧客満足**の概念を教育で社内に浸透させ，顧客との関係維持を図っていること。
4．魅力ある**顧客インターフェイス**を構築していること。
5．消費者，地域社会，州政府などとの「**企業外ネットワーク**」の形成という，多様なネットワークの構築を行っていること。
6．出資比率で当初から過半数を獲得していたこと。
7．従業員の比較的高い給料と，利益と連動した報酬体系。

A社の成長は，そこで働く社員1人ひとりの人間的な成長と関係している。コミュニケーション力，チームワーク，リーダーシップ，考える力，判断力などの点で優れた人材を採用し，**顧客満足**をよく理解させる教育を行う。そして，人間として成熟させていく。一方的に日本人派遣者が指令するのではなく，現地スタッフに権限を委譲し，どうやったら**顧客満足**を獲得し利益に貢献できるのかを自分たちで考えさせ，判断させている。その反面，日本からも取締役会に人材を派遣し現地経営に直接かかわることが大切であるとともに，顧客満足追求の徹底した教育と経営の現地化が重要である。

【参考文献】

小林　哲・南知恵子編（2004）『流通・営業戦略』有斐閣。
コルナイ・ヤーノシュ（1984）『「不足」の政治経済学』（盛田常夫編訳）岩波現代選書。
竹田志郎編著（1994）『国際経営論』中央経済社。
富山栄子（2004）『ロシア市場参入戦略』ミネルヴァ書房。
袴田茂樹（1998）「バザール社会と共同体および国家権力」木村　汎編『国際交渉学―交渉行動様式の国際比較』，173〜192頁，勁草書房。
原田　保・三浦俊彦編（2002）『ｅマーケティングの戦略原理』有斐閣。

【資　　料】

日本貿易振興会（2001）「ロシア極東経済と日本（3）」『ジェトロセンサー』2001年7号。
ロシア東欧貿易会（2004）「ロシア極東マイクロ・ビジネス支援事業ロシア極東マイクロビジネス支援事業（第7回）について〜洋紙・特殊紙編〜」2004年9月30日。http://www.rotobo.or.jp/Activities/micro/No.7.htm（2005年4月22日アクセス）。

索 引

INDEX

〈ア〉

アジア太平洋経済協力会議
　（APEC）……………………………3
アップセリング ……………………88
アフターマーケティング …………187
アプリケーション …………………75
移行経済諸国 …………………………5
1段階チャネル ……………………78
ウォンツ ……………………………14
エスノセントリック ………………76
──・アプローチ …………………16
延長マーケティング ………………12
オフショア取引 ……………………81
親会社 ………………………………50
温情主義 ……………………………140

〈カ〉

海外市場参入 ………………………45
下意上達 …………………………139
カスタマイズ ………………………75
寡占市場 …………………………52,69
関係性マーケティング ……………88
関税と貿易に関する一般協定
　（GATT）……………………………3
間接チャネル ……………………103
間接輸出 ………………13,37,70,101,107
完全所有子会社化 …………………40
かんばん方式 ………………………21

管理型VMS ……………………105,107
機会主義的行動 …………………108
企業型VMS ………………………104
企業戦略 ……………………………8
企業内教育 ………………………146
規模の経済性 ………………………6
業界標準 ……………………………59
「口こみ」の経済学 ………………91
グラースノスチ ……………………68
グリーンフィールド型 …………40,41
クルィシャ（擁護者）……154,155,178,190
グローバルSCM ……………………21
グローバル企業 ……………………47
グローバル市場 ……………………20
グローバル・スタンダード …………6
グローバル製品 ……………………71
グローバル・マーケティング
　……………………7,9〜11,19,22,24,45,92
クロスセリング ……………………88
経営資源 ………………………28,184
経営統合 ……………………………49
経営理念 …………………………8,28
経済のグローバル化 …………………3
契約 …………………………………38
──型VMS ……………………105,107
現地化 ……………………………184
現地企業買収型 …………………40,41
コア・コンピタンス ………………55
合弁事業 ……………………………42

5S運動 ……………………………149
子会社 ……………………………50
顧客インターフェイス ……………188
顧客関係性のマネジメント（CRM）
　………………………………………89
顧客生涯価値 ……………………89
顧客満足（CS）………74,89,171,185
国際ロジスティクス ………………18
国内マーケティング ………………13
コスト・リーダーシップ戦略 ………56
コンセプト提案型マーケティング …90

〈サ〉

最高経営責任者 …………………166
再販売業者 ………………………80
差別化戦略 ………………………57
産業財マーケティング ……………86
サンクコスト ……………………108
3段階チャネル ……………………79
ジオセントリック ……………20,22,77
事業ポートフォリオ ………………9,35
　──計画 …………………………35
支持的関係 ………………………152
市場構造 …………………………52
市場細分化戦略 …………………57
市場システム …………………103,104
市場特殊的知識 …………………183
市場ポジショニング ………………36
シナジー効果（相乗効果）…………20
集合教育 …………………………146
集中化戦略 ………………………57
自由貿易協定（FTA）………………4
需要創造機能 ……………………88
需要の価格弾力性 ………………71
上意下達 …………………………139
上位集中度 ………………………69

職業内訓練 ………………………146
シロビキ …………………………155
新興市場 ………………………47,48
垂直システム …………………103,104
垂直的マーケティング・システム
　（VMS）…………………………104
垂直統合 …………………………104
ステーク・ホールダー ……………190
生産財 ……………………………72
生産保全 …………………………148
世界的標準化製品 ………………71
セミ・フルカバレッジ ………………53
ゼロ・デフェクト運動 ……………173
選択的初期市場集中戦略 ………72
選択と集中 ………………………57
専売 ………………………………80
　──店制 …………………………79
先発参入優位 ……………………87
先発優位 …………………………87
戦略的事業単位（SBU）…………9,50
戦略的提携 ………………………58
戦略的マーケティング ……………7
総合的品質管理（TQC）…………173
ソリューション ……………………75

〈タ〉

代理店 ……………………………102
　──取引 ………………………108
ダイレクト・マーケティング・チャネル
　………………………………………78
多国籍マーケティング …………18,19
単なる輸出 ………………………13
地域マーケティング ………………18
チャネル・キャプテン ……………104
中間組織 ………………………107
駐在員事務所 …………………125

索引 ———195

直接チャネル …………………103
直接投資 ……………………40
直接輸出 …………………14,37,101
── マーケティング ……………14
直販 …………………………78
── 体制 ………………………61
ディーラー ………………78,105,181
── ヘルプ ……………………105
ディストリビューター …72,78,105,181
適応化 ………………………43
デファクトスタンダード ……………59
伝統的マーケティング・システム ……104
東南アジア諸国連合（ASEAN）………3
特化戦略 ………………………57
トップダウン ………………139,168
ドメイン ……………………9,28
取引特殊的資産 ………………107
取引費用 ……………………107

〈ナ〉

ナショナル・ブランド（NB）………13,84
7S …………………………149
南部共同市場（MERCOSUR）………3
ニーズ ………………………14
2段階チャネル ………………78
ネットワーク効果 ……………59
ノルマ ………………………156

〈ハ〉

排他的チャネル ………………118
ハイブリッド型 ………………43
パターナリズム ………………140
範囲の経済性 …………………6,71
販売業者 ……………………72
販売子会社 …………………103,106
販売店（distributor）…………72,102

販売の完結 …………………103,119
ビジョン ……………………8,49
標準化 ………………………43
品質管理（QC）………………173
プッシュ戦略 …………………21,86
プライベート・ブランド（PB）………13
フランチャイザー ……………39,106
フランチャイジー ……………39,106
フランチャイジング ……………39
フランチャイズチェーン ………106
フリート・ユーザー ……………189
不良品撲滅運動 ………………173
フル・カバレッジ ………………53
プル戦略 ……………………21,86
フルライン ……………………71
プロダクト・イノベーション ………15
プロダクト・ポートフォリオ・
　マネジメント（PPM）………9,35,50
分社化 ………………………50
閉鎖型チャネル政策 ……………72
併売 …………………………80
ペレストロイカ ………………68
ホールディング・カンパニー ……50
北米自由貿易協定（NAFTA）………3
ポジショニング ………………34
── 分析 ……………………33
ボトムアップ ………………139,168
ボランタリーチェーン ………106
ポリセントリック ……………76
──・アプローチ ………………17

〈マ〉

マークアップ率 ………………77
マーケット・チャレンジャー ……34
マーケット・ニッチャー ………34
マーケット・フォロワー ………34

マーケット・リーダー……33
マーケティング・イノベーション……15
マーケティング戦略……8,9
マーケティング・プログラム……9
マーケティング・プロセス……9
マーケティング・ミックス……9
マス・マーケティング……88
マネジメント・サイクル……173
マルチドメスティック市場……17
マルチドメスティック・マーケティング
　……17,19
見返り輸入……167
ミッション……8
メガ・コンペティション……4
持株会社……50

〈ヤ〉

輸出……37
――志向工業化……7
――マーケティング……14,100,106
輸入代替工業化……7
ヨーロッパ連合……3
予防保全……148
4M……172
4P……43

〈ラ〉

ライセンサー……39
ライセンシー……39
ライセンシング……38
来店営業……188
リージョセントリック……18
リーダーシップ……147
流通系列化……79,80
流通チャネル……103
利用経験……75

リレーションシップ活動……185
リレーションシップ・マーケティング……88
稟議制度……168
連結の経済性……20
連邦保安局（FSB）……155
ローカル・マーケティング……45
ロジスティクス……20

〈ワ〉

ワン・トゥ・ワン・マーケティング……88

〈A−Z〉

APEC……3
ASEAN……3
BRICs……iv
B to B……52
B to C……52
CC……177
CRM……89
CS……74,89,171,185
distributor……102
EU……3
FSB……155
FTA……4
GATT……3
KGB……68,155
MERCOSUR……3
NAFTA……3
NB……13,84
OEM……59
――輸出マーケティング……13
OFF JT……146,172
OJT……146
PB……13
PM……148
PPM……9,35,50

QC …………………………173	SWOT分析 ……………………95
── サークル …………………173	TPM …………………………148
SBU ……………………9,35,50	TQC …………………………173
SCM ……………………………21	VMS …………………………104

[著者紹介]

富山栄子（とみやま・えいこ）

昭和38年	新潟県新潟市生まれ
昭和61年	東京外国語大学外国語学部ロシア語学科卒業
	総合商社勤務，地元テレビ局通訳，解説，法廷通訳を経て
平成11年	新潟大学経済学研究科修士課程修了（経済学修士）
平成14年	新潟大学大学院現代社会文化研究科博士課程修了（経済学博士）
	新潟大学，敬和学園大学，長岡大学，新潟青陵大学，新潟青陵短期大学各非常勤講師を経て
平成18年	事業創造大学院大学助教授就任（現在に至る）

主要著書

単　著　『ロシア市場参入戦略』ミネルヴァ書房，2004年。
共　著　中津孝司編著『新マーケティング読本』第8章「競争優位追求戦略：キヤノンのロシア複写機市場制覇」所蔵，創成社，2004年。
"Marketing Strategies in the Russian Market by Japanese Manufacturing Companies : The Case of Ricoh and Canon in Russia" PROCEEDINGS OF THE UNIVERSITY OF VAASA Entry and Marketing Strategies into and from Central and Eastern Europe, Editor Larimo, J. pp.78-106. VAASA, Finland, March, 2002.
E-mail : eikod@hotmail.com

（検印省略）

2005年9月10日　初版発行
2009年4月20日　二刷発行　　　　　　　　略称－グローバルマーケ

わかりすぎるグローバル・マーケティング
―ロシアとビジネス―

著　者　富　山　栄　子
発行者　塚　田　慶　次

発行所　東京都豊島区池袋3-14-4　株式会社　創　成　社

電　話　03（3971）6552　　FAX 03（3971）6919
出版部　03（5275）9990　　振　替　00150-9-191261
http://www.books-sosei.com

定価はカバーに表示してあります。

©2005 Eiko Tomiyama　　組版：サンライズ　印刷：S・Dプリント
ISBN978-4-7944-2215-6　C3034　製本：宮製本
Printed in Japan　　　　　　落丁・乱丁本はお取り替えいたします。

──────── 経営・マーケティング ────────

書名	著者	種別	価格
わかりすぎるグローバル・マーケティング	富山 栄子	著	2,000円
新マーケティング読本	中津 孝司	編著	2,000円
近代経営の基礎 －企業経済学序説－	三浦 隆之	著	4,200円
経営学概論 －アメリカ経営学と日本の経営－	大津 誠	著	2,200円
経営戦略論	佐久間 信夫／芦澤 成光	編著	2,400円
経営セオリー	筧 正治	著	2,000円
経営グローバル化の課題と展望 －何が問題で,どう拓くか－	井沢 良智／八杉 哲	著	2,700円
国際経営概論	井沢 良智	著	2,500円
現代企業と経営	秋山 義継	著	2,400円
財務管理論	市村 昭三	編著	3,786円
すらすら読めて奥までわかるコーポレート・ファイナンス	内田 交謹	著	2,800円
財務管理論の基礎	中垣 昇	著	1,900円
経営財務論	小山 明宏	著	3,000円
国際経営学原論	村山 元英	著	3,600円
新・経営行動科学辞典	高宮 晋 監修／小林 末男 責任編集		6,602円
昇進の研究	山本 寛	著	3,200円
転職の研究	山本 寛	著	3,000円
商店街の経営革新	酒巻 貞夫	著	1,800円
広告の理論と戦略	清水 公一	著	3,800円
共生マーケティング戦略論	清水 公一	著	4,150円
広告と情報	横内 清光	著	2,600円
広告・販売促進辞典	小林 太三郎	監修	1,942円

（本体価格）

──────── 創成社 ────────